L'année du jardinier

La collection *Mikrós littérature*
est dirigée par Marion Hennebert

Ce livre a été proposé à l'édition
par Jan Rubeš

Karel Čapek (1890-1938) est l'un des plus importants écrivains tchécoslovaques du XXe siècle. Son texte est orné de dessins de son frère Josef, lui-même artiste et inventeur du mot « robot ».

Direction artistique : Pascal Lemaître

Titre original : *Zahradníkův Rok*

www.editionsdelaube.com

ISBN 978-2-8159-4658-2

Karel Čapek

L'année du jardinier

traduit du tchèque
par Joseph Gagnaire
Illustrations de Josef Čapek

éditions de l'aube

Il y a cent manières
de se créer un jardin :
la meilleure est encore
de prendre un jardinier

Comment naît un jardin

Il y a cent manières de se créer un jardin : la meilleure est encore de prendre un jardinier. Ce jardinier vous plante toutes sortes de bouts de bois, de bâtons ou de manches à balai, en vous soutenant que ce sont là des érables, des aubépines, des lilas, des rosiers à haute tige ou buissonnants et autres espèces botaniques ; cela fait, il se met à fouir le sol, le retourne pour le retasser, fait de petites allées avec du mâchefer, fiche en terre çà et là quelques rameaux fanés, qui, à son dire, sont des plantes, sème, pour la future pelouse, des graines qu'il nomme zizanie, épiette, vulpin, cretelle et fléole ; puis il s'en va, laissant le jardin aussi gris et aussi nu qu'au jour de la création du monde, se bornant à vous prescrire d'arroser soigneusement chaque jour toute cette terre et de faire venir du sable pour les allées quand le gazon sortira. Voilà qui va bien.

On pourrait s'imaginer qu'il n'y a rien de plus simple que d'arroser un jardin, surtout quand on possède une lance d'arrosage. Mais on ne tarde pas à s'apercevoir que la lance d'arrosage est un être tout particulièrement astucieux et dangereux, aussi longtemps qu'elle n'est pas parfaitement apprivoisée : elle se tord, fait des cabrioles, se détend soudain, répand sous elle une grande quantité d'eau pour s'enfoncer ensuite voluptueusement dans le marécage qu'elle a ainsi créé ; ensuite elle se jette sur l'individu qui se propose d'arroser et s'enroule autour de ses jambes : il faut alors qu'il pose le pied dessus ; mais elle se dresse et lui entoure la taille et le cou. Tandis qu'il lutte avec elle comme avec un python, le monstre tourne son bec de cuivre vers le ciel et dégorge un violent jet d'eau dans les fenêtres, sur les rideaux tout frais posés. Il est nécessaire alors de la prendre par la tête et de la tendre le plus possible : l'hydre devient folle de douleur et se met à cracher non pas par la gueule, mais par l'autre bout et quelque part au milieu du corps. La première fois, trois hommes sont indispensables pour la domestiquer tant soit peu ; après quoi tous abandonnent le champ de bataille, souillés de boue jusqu'aux oreilles et copieusement trempés. Quant au jardin, si, par endroits, il s'est couvert de flaques boueuses, ailleurs, il se crevasse de soif.

Si vous faites cela tous les jours, vous verrez, au bout d'une quinzaine, sortir de la mauvaise herbe au lieu de gazon. C'est un des mystères de la nature que les mauvaises herbes les plus luxuriantes et les plus vivaces naissent toujours des meilleures semences de gazon : qui sait s'il ne faudrait pas semer de la graine de mauvaises herbes quand on veut avoir du beau gazon ? Trois semaines après, votre pelouse est abondamment couverte de chardons drus et autres saletés rampantes ou enracinées d'un coude dans le sol ; quand vous voulez les arracher, ou bien elles se cassent juste à la racine, ou bien elles emportent toute une motte de terre. Ainsi vont les choses : plus une saleté est nuisible, plus elle a de vitalité.

Cependant, par une secrète transmutation de matières, le mâchefer des allées s'est changé en une glaise, la plus gluante et la plus pâteuse qui se puisse imaginer.

En tout cas, il est nécessaire d'arracher les mauvaises herbes de la pelouse : vous sarclez, vous sarclez, et derrière vous la future pelouse se transforme en une terre aussi nue et aussi grise qu'au jour de la création du monde.

C'est à peine si, de place en place, quelque chose pointe qui ressemble à une moisissure verdâtre, une sorte de mousse clairsemée et duveteuse ; pas de doute possible, c'est de l'herbe. Vous en faites le tour sur la pointe des pieds, en chassant les moineaux, et, tandis que vous ne songez qu'à scruter le sol, voilà que les groseilliers ont poussé leurs premières feuilles, sans que vous vous en doutiez ; jamais on ne peut surprendre la venue du printemps.

Vous ne voyez plus les choses sous le même angle. Pleut-il, c'est pour le jardin qu'il pleut. Le soleil brille-t-il, ce n'est pas assez dire qu'il brille, il brille pour le jardin. Fait-il nuit, vous vous réjouissez : le jardin va se reposer.

Un beau jour, vous ouvrez les yeux et voici que le jardin est vert, l'herbe haute scintille de gouttes de rosée et dans le fouillis des feuilles pointent, incarnats, des boutons de rose tout gonflés : et voici que les arbres grandissent, leur feuillage sombre s'étend, leurs couronnes sont lourdes et un parfum pourri se répand dans leur ombre humide. Et vous ne vous souviendrez plus du jardin chétif, nu et gris des jours passés, ni de l'incertain duvet du premier gazon, ni de la maigre éclosion des premiers boutons, pas plus que de toute cette pauvre beauté, et touchante, d'un jardin terreux qui est en train de naître.

Bon, mais, à présent, il va falloir arroser et sarcler et enlever les cailloux.

Contre toute attente,
le jardinier
ne sort pas
d'une graine

Comment on devient jardinier

Contre toute attente, le jardinier ne sort pas d'une graine, ni d'un bourgeon, ni d'un oignon, ni d'un bulbe, ni d'un provin : il devient jardinier avec l'expérience, sous l'influence du voisinage et des conditions naturelles. Aussi longtemps que j'étais jeune, j'avais à l'égard du jardin de mon père l'attitude d'un ennemi et même d'un destructeur, parce qu'il m'était interdit de marcher sur les plates-bandes et de cueillir les fruits verts. À Adam aussi il était interdit au Paradis Terrestre de marcher sur les plates-bandes et de cueillir les fruits de l'Arbre de la Connaissance, parce qu'ils n'étaient pas encore mûrs ; seulement Adam – comme nous autres, enfants – cueillit le fruit vert et, pour cette raison, il fut chassé du Paradis. Depuis ce temps et pour toujours, le fruit de l'Arbre de la Connaissance reste vert.

Tant qu'on est dans la fleur de la jeunesse, on pense qu'une fleur est quelque chose que l'on porte à la boutonnière et que l'on offre aux jeunes filles. On n'a absolument aucun sentiment qu'une fleur est quelque chose qui hiverne, qui se bêche, se fume, s'arrose, se transplante, quelque chose qu'il faut tailler, attacher, sarcler, débarrasser des lichens, des feuilles sèches, des pucerons et des moisissures ; au lieu de bêcher les plates-bandes, on court le guilledou, on satisfait son ambition, on jouit des fruits de la vie que l'on n'a pas fait pousser soi-même et, en somme, on a une activité purement destructrice. Il est besoin d'une certaine maturité, je dirais volontiers d'un certain âge de paternité, pour pouvoir devenir jardinier amateur. En outre, il est nécessaire d'avoir un jardin. D'ordinaire on se le fait faire par un jardinier professionnel et on se dit qu'on ira y faire un tour après le travail pour jouir de la vue des fleurs et écouter le gazouillis des oiseaux.

Le jardinier cultive surtout le temps

Un beau jour il vous arrive de planter vous-même de votre propre main une fleur (dans mon cas, ce fut une joubarbe) ; au cours de l'opération, par quelque écorchure ou autrement, un peu de terre pénètre dans votre organisme et détermine une sorte d'inflammation ou d'intoxication ; bref vous devenez un jardinier fanatique. Seule une griffe s'est engluée et c'est l'oiseau tout entier qui est pris. D'autres fois on devient jardinier parce qu'on est contaminé par les voisins ; vous voyez par exemple chez votre voisin une plante magnifique et vous vous dites : « Au diable, pourquoi n'en aurais-je pas aussi ? Et il ferait beau voir que chez moi elle ne réussît pas mieux ! » Dès lors le jardinier s'enlise de plus en plus profondément dans cette passion nouvelle, alimentée par les succès et surexcitée par les échecs ultérieurs ; la convoitise du collectionneur naît en lui, qui le pousse à cultiver toutes les plantes, en suivant l'ordre alphabétique depuis l'acaena jusqu'à la zauschneria. Plus tard se développe en lui la passion de la spécialisation, qui fait d'un homme jusqu'alors réfractaire un maniaque exalté qui ne vit que pour les roses, les dahlias ou quelque autre plante. D'autres encore succomberont à la passion de l'esthétique et se mettront à transformer sans cesse, à changer, à modifier la composition de leur jardin ; ils chercheront des harmonies de couleurs, ils transplanteront des touffes de plantes et bouleverseront tout ce qui pousse chez eux, excités par ce qu'on est convenu d'appeler l'inquiétude créatrice. Qu'on n'aille pas s'imaginer que le véritable jardinage comporte une activité bucolique et méditative : c'est une passion qui ne se peut assouvir, comme tout ce à quoi s'attache un homme sérieux.

Je vais vous dire à quoi vous reconnaîtrez un véritable jardinier. « Il faudra que vous veniez me voir, vous dit-il, il faut que je vous fasse visiter mon jardin. » Lorsque vous y allez pour lui faire plaisir, vous voyez au milieu des plantes pointer son postérieur. « Je suis à vous à l'instant, dit-il par-dessous les bras, le temps de planter ceci. – Je vous en prie, ne vous dérangez pas », dites-vous aimablement. Après quelque temps il a sans doute fini de planter ; en tout cas, il se lève, vous salit la main et, la figure rayonnant d'hospitalière bienveillance : « Alors venez voir : c'est un petit jardin, il est vrai, mais… un instant » dit-il ; et il se penche sur une plate-bande pour arracher quelques mauvaises herbes. « Venez donc, je vais vous montrer un dianthus musalae, vous m'en direz des nouvelles. Bon Dieu, voilà un endroit que j'ai oublié de piocher », dit-il en se mettant à gratter le sol. Au bout d'un quart d'heure, il se redresse : « Ah, je voulais vous faire voir cette clochette, la campanula wilsonae. C'est la plus belle campanule qui… Attendez, il faut que j'attache ce delphinium. » Quand il l'a fait, il réfléchit : « Ah oui, vous voulez voir mon erodium. Une minute, gronde-t-il, le temps de transplanter cet aster, il est trop à l'étroit. » Sur quoi, vous partez sur la pointe des pieds, laissant son postérieur pointer au milieu des plantes.

Et quand vous le rencontrez par la suite, il vous dit : « Il faut absolument que vous veniez me faire visite ; j'ai une rose dont vous n'avez encore jamais vu la pareille. Allons, vous viendrez ? Sans faute ? »

Eh bien, allons lui faire visite et observons-le, tout le long de l'année.

Janvier

Eh bien,
attendons le dégel

« Le mois de janvier lui-même n'est pas une période de repos pour le jardinier », disent les manuels de jardinage. Certainement pas : car, en janvier, le jardinier *cultive surtout le temps.* C'est une drôle de chose que le temps ; il n'est jamais comme il devrait être ; il exagère toujours dans un sens ou dans l'autre. La température n'est jamais conforme à la normale séculaire ; elle la dépasse toujours de 5 degrés à moins qu'elle ne lui soit inférieure d'autant. Quant aux pluies, si elles ne sont pas inférieures de 10 millimètres à la normale, elles lui sont supérieures de 20 millimètres ; s'il ne fait pas trop sec, il fait inéluctablement trop humide.

Si les gens eux-mêmes que cela ne regarde pas ont tant de motifs de se plaindre du temps, que doit dire le jardinier ! S'il tombe peu de neige, il gronde, avec raison, que c'est tout à fait insuffisant ; s'il en tombe beaucoup, il manifeste de sérieuses craintes que cela ne lui brise ses conifères et ses rhododendrons. S'il n'y a pas de neige du tout, il se lamente sur les dégâts que font les gelées blanches. Le dégel survient-il, il maudit les vents furieux qui l'accompagnent et qui ont l'odieuse habitude de disperser à travers le jardin les couvertures de paille et de branchages et qui pourraient bien – puissent-ils aller au diable – lui rompre quelque arbuste. Si le soleil a l'audace de briller un peu en janvier, le jardinier se prend la tête à deux mains, car la sève de ses arbrisseaux va monter prématurément. S'il pleut, il craint pour ses fleurs alpestres ; s'il fait sec, il pense avec douleur à ses rhododendrons et à ses andromèdes. Et pourtant il ne serait pas bien difficile de le contenter : il lui suffirait que, du 1er au 31 janvier, il y eût 9/10e de degré au-dessous de zéro, 127 millimètres de neige (légère et, autant que possible, fraîche), un ciel presque constamment nuageux, pas de vent ou des vents d'ouest modérés, et tout irait bien. Mais voilà : personne ne se soucie de nous autres, jardiniers, et personne ne nous consulte sur ce qui devrait être. Et voilà pourquoi ce monde va de la sorte.

Janvier

*

C'est lorsque arrivent les gelées que le jardinier est le plus tourmenté. À ce moment la terre se durcit, et se dessèche de jour en jour et de nuit en nuit plus profondément. Le jardinier songe aux racines qui gèlent dans la terre morte et dure comme pierre, aux rameaux transis jusqu'à la moelle par un vent sec et glacé, aux germes gelés dans lesquels, à l'automne, s'est réfugiée la plante. Si je savais que cela y fît quelque chose, j'envelopperais le houx dans mon propre veston et je vêtirais le genévrier de mon pantalon; pour toi, je me dépouillerais de ma chemise, ô azalée pontique; toi, saxifrage, je te couvrirais de mon chapeau; pour toi, coréopsis retardataire, il ne reste que mes chaussettes, il faut t'en contenter.

Il existe diverses ruses pour tromper le temps, le faire changer. Par exemple, dès que je me décide à revêtir ce que j'ai de plus chaud, le temps se radoucit toujours. De même, le dégel arrive si quelques amis conviennent de partir en montagne pour faire du ski. Ou encore, quand quelqu'un écrit un article pour un journal, dans lequel il parle de la température rigoureuse et décrit les visages colorés par un froid sain, la danse sur les patinoires et autres choses de ce genre, le dégel se produit précisément quand on est en train de composer l'article à l'imprimerie, de sorte que les gens le lisent au moment où, dehors, tombe une pluie tiède tandis que le thermomètre indique 8 degrés au-dessus ; et naturellement le lecteur se dit que les journaux ne sont que mensonge et tromperie : « Fichez-nous la paix avec les journaux. » Par contre, les jurons, les plaintes, les malédictions, les citations en justice, les « brrrr » et autres incantations n'ont sur le temps aucune espèce d'influence.

*

Pour ce qui est de la flore de janvier, ce qu'on en connaît le mieux, ce sont les prétendues « fleurs de glace ». Pour les obtenir, il faut avoir dans l'appartement au moins un peu de vapeur d'eau ; si l'air est parfaitement sec, vous n'aurez pas sur vos fenêtres la moindre aiguille, à plus forte raison la moindre fleur. De plus, il faut que votre fenêtre soit mal orientée : c'est du côté où le vent souffle que poussent les fleurs de glace. C'est pourquoi elles croissent plutôt chez les pauvres que chez les riches parce que, chez les riches, les fenêtres sont mieux orientées.

Au point de vue botanique, les fleurs de glace se distinguent par ceci que ce ne sont pas des fleurs à proprement parler, mais seulement des feuilles. Ces feuilles ressemblent aux endives, au persil et aux feuilles de céleri et aussi à d'autres plantes des familles des cybarocéphales, des carduacées, des dipsacées, des acanthacées, des ombellifères et autres ; on peut les comparer aux chardons des genres onopordon, circes, notabasis, et à quelques autres plantes pointues aux feuilles en forme de dents ou de plumes, fendues, découpées ou raccourcies ; quelquefois elles ressemblent aux fougères ou aux feuilles de palmier et d'autres fois aux piquants de genévrier ; mais elles n'ont pas de fleurs.

*

Ainsi donc, le mois de janvier lui-même n'est pas une période de repos pour le jardinier, comme le soutiennent, sans doute en manière de consolation, les manuels de jardinage. Avant tout, paraît-il, on peut travailler le sol, que la gelée est censée faire s'émietter. Aussi, dès le Jour de l'An, notre homme se précipite dans son jardin pour travailler le sol. Il y va d'abord avec une bêche : après de laborieux efforts il réussit à casser sa bêche contre la terre dure comme pierre. Il essaye de la pioche : s'il persévère, il en casse le manche. Il s'empare alors d'un pic et arrive à ce beau résultat d'écraser un oignon de tulipe qu'il a planté à l'automne. Il n'y a qu'un seul moyen : c'est de travailler le sol avec un burin et un marteau : malheureusement on n'avance pas vite et on est bientôt dégoûté. Peut-être pourrait-on employer la dynamite : mais d'habitude, les jardiniers n'en ont pas. Eh bien, attendons le dégel.

Ah, voilà le dégel : le jardinier se précipite dans son jardin pour travailler le sol. Un instant après, il emporte à la maison toute la terre du jardin, collée à ses chaussures, toute celle du moins qui a dégelé. Néanmoins, il a une figure radieuse et soutient que la terre commence à s'ouvrir. En attendant, il ne reste qu'à « faire les divers travaux préparatoires à la saison qui s'annonce ». « Si vous avez un endroit sec dans votre cave, préparez de la terre pour mettre dans les pots de fleurs, en mélangeant comme il convient de la bouse de vache pourrie et un peu de sable. » À merveille. Mais le malheur est que, dans la cave, il y a le coke et le charbon ; ces femmes prennent toute la place avec leurs ineptes provisions de ménage ! Ainsi, il y aurait bien assez de place dans la chambre à coucher pour un joli petit tas d'humus…

« Profitez de l'hiver pour arranger votre pergola, vos arcades ou votre tonnelle. » Ah ça, c'est vrai, seulement, comme par hasard, je n'ai ni pergola, ni arcades, ni tonnelle. « Même en janvier, on peut semer du gazon. » Oui, mais où ? Dans le vestibule, peut-être, ou au grenier ? « Et surtout veillez à la température de votre serre. » Ma foi, j'y veillerais bien, mais je n'ai pas de serre. Ces manuels de jardinage, voyez-vous, ne vous disent pas grand-chose d'utile.

*

Alors, il faut attendre, attendre. Bon Dieu, que ce mois de janvier est donc long. Si seulement nous étions déjà en février. « Croyez-vous qu'on puisse faire quelque chose dans le jardin en février ? – Mais oui, et même déjà en mars. »

Et pendant ce temps, sans que vous vous en doutiez, sans que vous y ayez en rien contribué, les crocus et les perce-neige ont poussé dans votre jardin.

Bon,

vous avez fini de semer ?

Les semences

D'aucuns prétendent qu'il y faut mettre du charbon de bois tandis que d'autres le nient. Certains recommandent un peu de sable jaune, parce que, disent-ils, il contient du fer, mais d'autres le repoussent pour cette simple raison qu'il contient du fer. D'autres encore sont partisans du sable de rivière pur, d'autres de la simple tourbe et d'autres de la sciure de bois. Bref, la préparation de la terre à semences est un grand mystère et comporte des cérémonies magiques. Il faut y mêler de la poussière de marbre (mais où la prendre ?), de la bouse de vache de trois ans (ici, on se demande si cette indication d'âge se rapporte à la vache ou à la bouse), une pincée de terre de taupinière fraîche, de l'argile réduite en poudre prise dans une vieille étable à porcs, du sable de l'Elbe (mais non pas de la Vltava), de la terre de bûcher vieille de trois ans et peut-être encore de l'humus de fougère dorée ainsi qu'une poignée de terre prise sur la tombe d'une vierge pendue ; il faut mélanger tout cela suivant les règles (les manuels de jardinage ne disent pas s'il faut le faire à la nouvelle lune, à la pleine lune ou pendant la nuit de Saint-Philippe et Saint-Jacques) ; et lorsque vous versez cette terre mystérieuse dans vos pots de fleurs (trempés dans de l'eau stagnant depuis trois ans au soleil et remplis dans le fond de tessons bouillis, mêlés à des morceaux de charbon de bois, ce qui du reste est nié par d'autres auteurs), lorsque donc vous avez fait tout cela, en observant des centaines de prescriptions qui diffèrent du tout au tout, ce qui rend singulièrement difficile cette cérémonie, vous pouvez vous attaquer à l'essentiel de l'opération, c'est-à-dire que vous pouvez semer vos graines.

Pour ce qui est des graines, quelques-unes ressemblent à du tabac à priser, d'autres à des lentes claires et fauves, d'autres à des puces brillantes et d'un rouge sombre qui n'auraient pas de pattes : certaines sont plates comme des sous, d'autres pleines et rondes, d'autres fines comme des aiguilles ; ailées, piquantes, duveteuses, nues et velues ; grosses comme des cafards ou menues comme des graines de tournesol. J'atteste que chaque espèce de graines est différente des autres et que chacune est étrange : la vie est compliquée. De ce monstre emplumé il ne sortira qu'un petit chardon bas et sec, alors que cette lente jaunâtre donnera naissance à un énorme cotylédon ? Que faire ? Je n'en veux rien croire.

Bon, vous avez fini de semer ? Vous avez mis vos pots de fleurs dans de l'eau tiède et vous les avez recouverts de verre ? Vous avez mis des rideaux aux fenêtres pour cacher le soleil et vous les avez fermées pour produire dans la pièce une température de 40 degrés ? Tout va bien. C'est maintenant que commence la grande et fiévreuse activité du jardinier, c'est-à-dire l'attente. Inondé de sueur, en bras de chemise et hors d'haleine, il se penche sur ses pots et de ses yeux attire les germes qui doivent pousser.

Le premier jour, rien ne vient et, la nuit suivante, notre homme se tourne et se retourne dans son lit, impatient de voir le jour.

Le deuxième jour, sur la terre mystérieuse apparaît une petite touffe de duvet. Il se réjouit, car il y voit la première manifestation de la vie.

Le troisième jour quelque chose sort au bout d'une longue tige blanche et se met à pousser à toute vitesse. Le jardinier jubile et pousse presque des cris, se disant que ça y est : il entoure cette pousse d'autant de soins que la prunelle de ses yeux.

Le quatrième jour, quand ce germe a poussé démesurément, le jardinier commence à se demander avec inquiétude si ce ne serait pas de la mauvaise herbe. Il ne tarde pas à constater que cette crainte était justifiée. Toujours ces choses longues et menues qui poussent dans les pots de fleurs sont de mauvaises herbes. Il semble évident que c'est là quelque loi naturelle.

Enfin, vers le huitième jour, ou plus tard encore, sans crier gare, en un instant mystérieux et incontrôlé (car personne ne l'a jamais surpris), tout doucement la terre s'ouvre et le premier germe paraît. J'avais toujours pensé qu'une plante pousse soit en descendant de la semence comme une racine, soit en montant de la semence comme les tiges de pommes de terre. Eh bien, je vous le dis, il n'en est pas ainsi. Presque toutes les plantes croissent de dessous la graine en montant, de sorte qu'elles poussent la graine vers le haut, ce qui leur fait comme un chapeau sur la tête. Figurez-vous un enfant qui grandirait en portant sa mère sur la tête. C'est là une pure merveille de la nature ; et ce tour de force athlétique est exécuté par presque tous les germes. Ils poussent leurs graines vers le ciel avec toujours plus de hardiesse, jusqu'au jour où ils les abandonnent ou les jettent ; à ce moment, ils sont là, debout, nus et délicats, trapus ou décharnés avec à la cime, deux pauvres petites feuilles ridicules, et puis entre ces deux petites feuilles apparaît quelque chose… Mais je ne vous dirai pas encore quoi, je n'en suis pas encore si loin. Ce ne sont que deux petites feuilles sur une tigelle pâle, mais cela est si étrange, il y a là tant de variations, c'est si divers chez chaque plante… que voulais-je dire ? Ah, oui, rien du tout ; ou plutôt si : simplement ceci que la vie est plus compliquée que n'importe qui ne pourrait se l'imaginer.

Février

Sachez que février est
une époque dangereuse

En février, le jardinier poursuit les travaux commencés en janvier, en ce sens qu'il cultive surtout le temps. Car sachez que février est une époque dangereuse, durant laquelle un jardinier est menacé par les gelées, le soleil, l'humidité, la sécheresse et les vents ; ce mois, le plus court de tous, ce mois qui est parmi les mois ce qu'est un œuf sans germe dans une couvée, ce mois venu avant terme, ce mois qui grandit d'un jour tous les quatre ans, ce mois plein de traîtrise se distingue entre tous les autres mois par ses caprices sournois : méfiez-vous de lui. Pendant le jour il fait pousser des boutons aux arbustes, et, la nuit venue, il les brûle ; d'une main il vous flatte et de l'autre il vous fait un pied de nez. Le diable sait pourquoi, dans les années bissextiles, on choisit pour lui ajouter un jour ce mois versatile et enrhumé, ce malicieux avorton de mois. Quand l'année est bissextile, on devrait ajouter un jour au beau mois de mai, de façon à ce qu'il en ait 32 et l'affaire serait faite. Comment pourrions-nous faire, nous autres jardiniers, pour y arriver ?

Février

La seconde tâche du jardinier, en février, consiste à rester à l'affût des signes avant-coureurs du printemps. Le jardinier ne se soucie pas du premier hanneton ou du premier papillon qui d'ordinaire inaugurent le printemps... dans les articles de journaux; d'abord parce qu'il n'aime pas du tout les hannetons, quels qu'ils soient, et ensuite parce que ce papillon que l'on dit le premier n'est ordinairement pas autre chose que le dernier de l'année précédente qui a oublié de mourir. Les premiers symptômes du printemps d'après lesquels se guide le jardinier sont beaucoup plus sûrs. Ce sont:

1 – Les crocus qui poussent dans l'herbe sous forme de petites pointes trapues; un beau jour cette pointe crève (phénomène auquel personne encore n'a assisté) et présente à la vue une sorte de brosse formée de feuilles d'un beau vert. Et voilà le premier signe printanier;

2 – Les catalogues de jardiniers, qu'apporte le facteur. Quoique le jardinier les connaisse par cœur (de même que l'*Iliade* commence par les mots Μῆνιν ἀέιδε, Θεὰ, ces catalogues commencent par les mots acaena,

acantholimon, acanthus, achillea, aconitum, adénophore, adonis, etc. Litanie que chaque jardinier est capable de débiter sur le bout du doigt), il les lit soigneusement depuis acaena jusqu'à wahlenbergia ou yucca, se demandant avec angoisse ce qu'il pourrait bien encore commander ;

3 – Les perce-neige aussi sont des messagers du printemps ; au prime abord ce sont de petites pointes vert pâle qui sortent timidement de terre ; ces pointes se séparent pour former deux gros pétales et l'affaire est faite. Cela fleurit environ au début de février et je vous le dis, jamais palme de triomphateur, jamais Arbre de la Connaissance ni laurier de gloire ne fut plus beau que ce blanc et délicat calice qui se balance au gré d'un vent bruineux sur sa tigelle pâle ;

4 – Les voisins constituent encore un symptôme infaillible de l'approche du printemps. Dès qu'ils se précipitent dans leurs jardins avec des bêches, des pioches, des sécateurs, des enduits pour les arbres et toutes sortes de poudres pour mettre dans le sol, un jardinier expérimenté devine que le printemps approche ; et alors il revêt lui aussi

de vieux pantalons et se précipite dans son jardin avec pioche et bêche, afin que ses voisins à lui s'aperçoivent aussi que le printemps approche et se communiquent par-dessus les palissades cette joyeuse nouvelle.

La terre s'ouvre, mais elle ne laisse encore sortir aucune feuille verte : on peut la considérer comme une terre nue et vide qui attend. C'est aussi le temps de fumer et de bêcher, de creuser des rigoles, d'ameublir le terrain par la bêche ou l'engrais. À ce moment, le jardinier se rend compte que sa terre est trop lourde, trop gluante, trop sablonneuse, trop acide ou trop sèche ; bref il se sent pris par la passion de l'amélioration. Sachez qu'il est mille moyens d'améliorer un terrain ; par malheur le jardinier ne les a ordinairement pas sous la main. Il y a quelque difficulté, quand on est en ville, à se procurer des excréments de pigeon, des feuilles de hêtre, de la bouse de vache putréfiée, des vieux morceaux de crépi, de la vieille tourbe, de la terre à gazon, de la terre de taupinière éventée, de l'humus de forêt, du sable de rivière, de la boue d'étang, de la terre de bruyère, du charbon de bois, de la cendre de bois, des os en poudre, de la sciure de corne, du vieux purin, de la charogne de cheval, de la chaux, des sphaignes de marais, de la moisissure de vieilles souches et toutes les autres matières nourrissantes, améliorantes et bienfaisantes, sans compter une bonne douzaine d'engrais nitriques, phosphatés et autres.

Il y a certes des moments où le jardinier souhaiterait cultiver, transvaser et mélanger tous ces terrains, ingrédients et engrais. Malheureusement il ne lui resterait plus de place pour les fleurs dans le jardin. Il se contente donc d'améliorer la terre comme il peut ; il ramasse à la cuisine les coquilles d'œufs, il fait brûler les os qui restent du repas, il conserve ses rognures d'ongles, il fait tomber la suie de la cheminée, il recueille le sable de la cuvette ; dans la rue, il pique de sa canne un beau morceau de fumier de cheval, et tout cela, il l'enfouit soigneusement dans son jardin ; car ce sont là des substances nutritives, chaudes et bienfaisantes. Tout ce qui existe se divise en deux catégories : ce qu'on peut mettre dans le sol et ce qu'on n'y peut pas mettre. Seul un blâmable respect humain empêche le jardinier d'aller ramasser dans les rues l'engrais qu'y déposent les chevaux ; mais chaque fois qu'il aperçoit sur le pavé un joli tas de crottin, il gémit sur ce gaspillage des dons de Dieu.

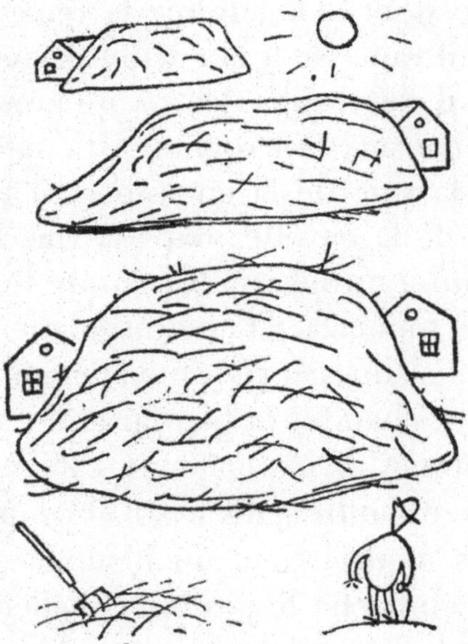

Quand on pense à un beau tas de fumier dans une cour de ferme… Oui, évidemment, il existe toutes sortes de poudres dans des boîtes en fer-blanc : on peut acheter de toutes les choses imaginables, des sels, des extraits, des scories et des farines ; on peut vacciner le sol avec toutes sortes de bactéries ; on peut revêtir une blouse blanche comme un préparateur de faculté ou de pharmacie, sans crainte de se salir. Tu peux faire tout cela, jardinier citadin… mais quand on pense à un beau tas de fumier dans une cour de ferme…

Cependant puisqu'il faut tout vous dire, les perce-neige déjà fleurissent, l'hamamelis pousse ses petites étoiles jaunes et l'ellébore porte ses gros boutons ; et si vous regardez comme il faut (mais il faut pour cela que vous reteniez votre souffle), vous trouverez des boutons et des germes presque partout ; avec d'infinies pulsations la vie monte de la terre. Nous autres jardiniers, nous ne nous laissons plus retenir par rien ; nous poussons notre nouvelle sève.

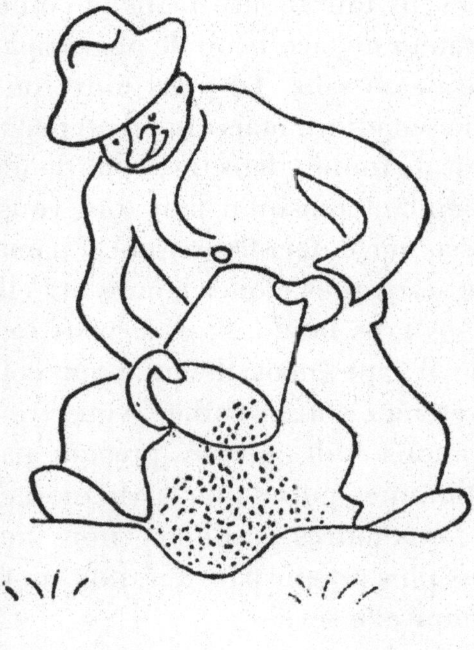

Sur l'art des jardins

Aussi longtemps que j'ai été un spectateur lointain et distrait du travail des jardiniers, je considérais ceux-ci comme des personnes d'un esprit particulièrement poétique et délicat qui cultivaient le parfum des fleurs en écoutant le chant des oiseaux. Aujourd'hui que je vois la chose de plus près, je me rends compte qu'un vrai jardinier n'est pas un homme qui cultive les fleurs : c'est un homme qui cultive la terre, c'est une créature qui s'enfouit dans le sol, laissant le spectacle de ce qui est en dessus à nous, les badauds, bons à rien. Il vit enfoncé dans la terre. Il se bâtit un monument en amoncelant de la terre. S'il arrivait au jardin du Paradis, il reniflerait d'un air extasié et dirait : « Bon Dieu, ça, c'est de l'humus ! » Je pense qu'il oublierait de manger des fruits de l'Arbre de la Connaissance du Bien et du Mal ; il chercherait plutôt le moyen de chiper à Dieu le Père un peu d'humus du Paradis. Ou bien il s'apercevrait que l'Arbre de la Connaissance du Bien et du Mal n'a pas autour de lui une plate-bande régulière et il se mettrait à travailler la terre sans même savoir quels fruits pendent au-dessus de sa tête. « Adam, où es-tu ? appellerait le Seigneur. — Une minute, répondrait-il sans se relever, je n'ai pas le temps maintenant. » Et il continuerait sa plate-bande.

Si l'homme-jardinier s'était développé, depuis le début du monde, par sélection naturelle, il se serait évidemment transformé en invertébré. Pourquoi diable a-t-il des reins ? Il semble que ce soit uniquement pour que, de temps en temps, il se redresse en disant : « J'ai mal aux reins. » Pour ce qui est des jambes, on peut leur donner toutes sortes de positions ; on peut s'accroupir, s'agenouiller, s'asseoir à la turque, ou même prendre ses jambes à son cou. Les doigts, eux, sont de bonnes chevilles pour faire les trous, les paumes brisent les mottes ou bien étendent la terre, et la tête sert pour accrocher la pipe ; seul le dos reste un élément insoumis que le jardinier cherche vainement à courber. Le ver de terre n'a pas de reins, lui. Le jardinier est ordinairement terminé, vers le haut, par son derrière ; il a les mains et les jambes écartées et la tête quelque part entre les genoux : il ressemble à une jument au pâturage. Il n'est pas de ces gens qui voudraient ajouter, ne fût-ce qu'un pouce, à leur taille ; au contraire, il se plie en deux, s'assied à croupetons et se raccourcit par tous les moyens possibles : tel que vous le voyez, il est rare qu'il mesure plus d'un mètre de hauteur.

Cultiver la terre, c'est d'une part bêcher, creuser, retourner, fouiller, ameublir, aplanir, niveler et faire des ondulations, et d'autre part, s'occuper des ingrédients. Aucun pudding au monde ne peut être de composition plus compliquée que la terre de jardin. Autant que je puisse savoir, on y met du fumier, de l'engrais, du guano, des feuilles pourries, de la terre de gazon, de la terre arable, du sable, de la paille, de la chaux (de la farine pour les enfants), du salpêtre, des phosphates, de la bouse, de la cendre, de la tourbe, de l'eau, de la bière, des culots de pipe, des allumettes brûlées, des chats crevés et beaucoup d'autres substances. Tout cela se mélange, s'enfouit et se répand ; comme je l'ai dit, le jardinier n'est pas un homme qui respire les roses, mais un homme qui est poursuivi par l'idée que « cette terre voudrait encore un peu de chaux » ou bien qu'elle est lourde (comme du plomb, dit le jardinier) et qu'elle « voudrait un peu de sable ». Le jardinage devient une affaire quasiment scientifique. De nos jours une jeune fille ne pourrait plus chanter : « Sous nos fenêtres pousse un rosier. » Elle devrait plutôt chanter que sous nos fenêtres il faudrait répandre du salpêtre et de la cendre de bois de hêtre soigneusement mélangés avec de la paille hachée très fin. Les rosiers ne sont faits, pour ainsi dire, que pour les dilettantes ; le jardinier, lui, a son plaisir enfoui plus profond, dans le sein même de la terre. Après sa mort il ne se change pas en un papillon enivré du parfum des fleurs, mais en un ver de terre qui goûte à toutes les voluptés mystérieuses, azotiques et épicées du sol.

Si l'homme-jardinier
s'était développé, depuis
le début du monde,
par sélection naturelle,
il se serait évidemment
transformé en invertébré

En ce moment, au début du printemps, les jardiniers sont, comme on dit, irrésistiblement attirés dans leurs jardins ; à peine ont-ils posé leur cuiller, les voilà au milieu de leurs plates-bandes, pointant leurs postérieurs vers le sublime firmament ; ici, ils écrasent dans leurs doigts une poignée de terre, là, ils creusent pour placer plus près de quelque racine un précieux morceau de vieux fumier éventé ; ici, ils arrachent des mauvaises herbes, là, ils enlèvent un caillou ; maintenant ils ratissent le sol autour des fraisiers et une minute après ils se pencheront sur quelques plants de salade, le nez contre terre et chatouillant amoureusement une frêle touffe de radicelles. C'est dans cette posture qu'ils jouissent du printemps, tandis qu'au-dessus d'eux le soleil décrit sa révolution glorieuse, tandis que voguent les nuages et que les oiseaux du ciel s'abandonnent à l'amour. Déjà s'ouvrent les bourgeons des cerisiers, les jeunes feuilles se développent avec une aimable sveltesse et les merles crient comme des fous ; alors, le véritable jardinier se redresse, s'étire et dit d'un air rêveur : « À l'automne, j'y mettrai beaucoup de fumier et j'ajouterai un petit peu de sable. »

Mais il est un moment où
le jardinier se redresse
et développe toute sa taille

Mais il est un moment où le jardinier se redresse et développe toute sa taille : c'est l'heure de l'après-midi où il procède dans son jardin à la cérémonie de l'arrosage. À ce moment-là, il se tient debout et, quasiment sublime, il dirige le jet d'eau qui sort du bec de la lance d'arrosage : l'eau bruit en tombant comme une douche argentée et sonore. De la terre monte un parfum d'humidité ; chaque feuille prend une couleur d'un vert agressif et étincelle d'une joie si appétissante qu'on en mangerait. « Bon, en voilà assez », chuchote le jardinier d'un air de bonheur ; et, ce disant, il ne pense pas au cerisier qui écume de bourgeons ni au groseillier pourpre : il pense à la terre grise.

Et, au coucher du soleil, il dit avec un accent de suprême contentement : « Ah, j'ai bien bûché, aujourd'hui. »

Mars

Nous autres, jardiniers,
croyons dur comme fer,
aux dictons populaires

Pour décrire en vérité et conformément à une expérience millénaire les travaux du jardinier en mars, il faut avant tout que nous distinguions soigneusement deux paragraphes : *a*) ce que le jardinier doit et veut faire et, *b*) ce que, faute de mieux, il arrive à faire.

a) Il veut absolument et obstinément : enlever les branches et découvrir les fleurs, bêcher, fumer, faire des rigoles, creuser, entrecouper, ameublir, râcler, aplanir, arroser, multiplier, couper, tailler, planter, transplanter, attacher, asperger, sarcler, compléter, nettoyer, raser, chasser les moineaux et les merles, flairer le sol, déterrer les germes avec le doigt, jubiler à la vue des perce-neige qui viennent d'éclore, s'essuyer le front, s'étirer, manger comme un loup et boire comme un trou, aller se coucher avec sa bêche et se lever en même temps que l'alouette, célébrer le soleil et le ciel, tâter les durs boutons, cultiver sur ses mains les premières callosités de printemps, bref vivre largement, printanièrement, à la façon des jardiniers.

b) En fait, au lieu de tout cela, il peste, parce que la terre est toujours gelée, il enrage chez lui comme un lion en cage, tandis que la neige recouvre son jardin, il reste assis près du poêle avec un gros rhume, il est forcé d'aller chez le dentiste, il reçoit une assignation du tribunal, il a la visite d'une tante, d'un arrière-petit-fils, d'une grand-mère ; bref il perd son temps, journée par journée, poursuivi par tous les ennuis, les coups du sort, les circonstances et les adversités qui s'accumulent sur lui comme de propos délibéré pendant le mois de mars ; car, sachez-le, « mars est le mois où il y a le plus à faire dans un jardin, qu'il faut préparer à la venue du printemps ».

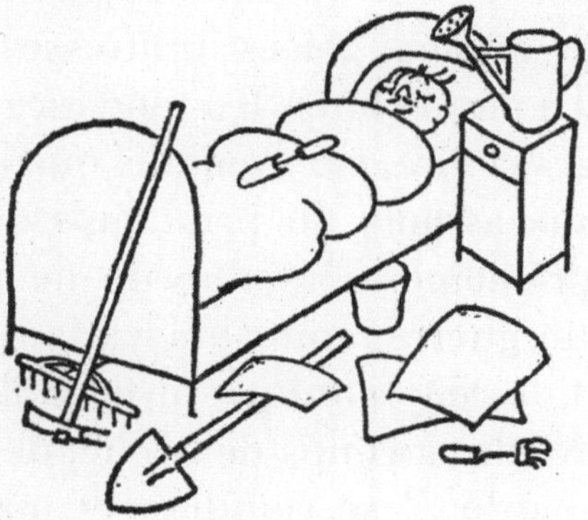

Oui, ce n'est qu'en devenant jardinier que l'on peut apprécier à leur juste valeur des expressions un peu usées comme « un hiver implacable », « un vent du nord obstiné », « une gelée rigoureuse » et autres invectives poétiques de ce genre. Le jardinier emploie même des expressions encore plus poétiques, en disant que l'hiver cette année est « monstrueux », « damné », « sale », que c'est un « bougre d'hiver », etc. À la différence des poètes, il ne peste pas seulement contre le vent du nord mais aussi contre les furieux vents d'est; et il en veut moins aux tempêtes de neige qu'aux gelées traîtresses et qui viennent à pas de loup. Il a tendance à parler par images, à dire, par exemple, que « L'hiver résiste aux assauts du printemps », et il se sent suprêmement humilié de ne pouvoir, dans cette guerre, contribuer à la défaite et à la mort de ce tyrannique hiver. S'il pouvait l'entreprendre à coups de bêche, de fusil ou de hallebarde, il se ceindrait et marcherait au combat en poussant des cris de victoire; mais il ne peut faire autre chose que d'attendre chaque soir, devant son appareil de T. S. F., le communiqué de l'Office national météorologique, pour, ensuite, sacrer contre la zône de haute pression au-dessus de la Scandinavie ou la profonde perturbation au-dessus de l'Islande: car, nous autres jardiniers, nous savons d'où vient le vent.

Zima

Nous autres, jardiniers, nous croyons, dur comme fer, aux dictons populaires : nous croyons encore que « saint Mathieu brise les glaces » et, s'il ne le fait pas, nous comptons que saint Joseph le fera, lui qui est le charpentier du ciel ; nous savons qu'en mars, il faut se glisser derrière le poêle et nous croyons aux trois saints de glace, à l'équinoxe de printemps, au capuchon de saint Médard et autres prédictions de ce genre qui démontrent que depuis toujours les hommes ont eu une mauvaise expérience du temps. Il n'y aurait pas de quoi s'étonner si on disait qu'« au premier mai, la neige fond sur le toit » ou qu'« à la Saint-Népomucène, gèlent les mains et le nez » ou qu'« à la Saint-Pierre et Paul, il faut s'emmitoufler » ou qu'« à la Saint-Cyrille et Méthode l'eau gèle dans le puits » ou qu'« à la Saint-Venceslas, un hiver finit, un autre commence » ; en un mot, les dictons populaires nous prédisent la plupart du temps des choses tristes et désagréables. C'est pourquoi, croyez-le, l'existence des jardiniers qui, malgré ces déboires, se réjouissent chaque année de la venue du printemps, témoigne de l'indestructible et miraculeux optimisme de l'espèce humaine.

25

Quiconque devient jardinier recherche avec complaisance les « Vieux Chroniqueurs ». Ce sont des personnes d'un certain âge et passablement distraites qui disent, chaque printemps, qu'elles n'ont pas souvenir d'avoir jamais vu un printemps pareil. S'il fait froid, elles proclament qu'elles ne se souviennent pas d'un printemps aussi froid. « Une fois, il y a de ça soixante ans, il a fait si chaud que les violettes fleurirent à la Chandeleur. » Par contre, si le temps est légèrement plus chaud, les chroniqueurs soutiennent n'avoir aucun souvenir d'un printemps aussi chaud. « Une fois, il y a de ça soixante ans, nous circulâmes en traîneau à la Saint-Joseph. » Bref, les chroniqueurs eux aussi témoignent qu'en ce qui concerne le temps, notre pays a toujours été soumis à un arbitraire effréné et qu'il n'y a pas à aller contre.

Non, il n'y a pas à aller contre, voilà la mi-mars et dans le jardin gelé il y a encore de la neige. Dieu soit miséricordieux aux fleurs des jardiniers !

Je ne vous révélerai pas le secret qui fait que les jardiniers se reconnaissent entre eux, je ne vous dirai pas si c'est par le flair, ou grâce à quelque mot de reconnaissance ou bien à l'aide d'un signe secret. Mais c'est un fait qu'ils se reconnaissent à la première rencontre, que ce soit dans un couloir de théâtre, dans un thé ou dans l'antichambre du dentiste. Leurs premières phrases sont pour échanger leur point de vue sur le temps (« Non, monsieur, je ne me rappelle pas avoir vu jamais un printemps pareil ») ; ensuite, ils passent à la question de l'humidité, aux dahlias, aux engrais chimiques, à un certain lis de Hollande (« Du diable, comment s'appelle-t-il donc ? ça ne fait rien, je vous en donnerai un oignon »), aux fraises, aux catalogues américains, aux ravages faits par l'hiver, aux pucerons, aux reines-marguerites et autres sujets de ce genre. Ce n'est qu'une apparence si vous voyez là deux hommes en smoking dans le couloir d'un théâtre ; par une réalité plus profonde et plus vraie, ce sont deux jardiniers avec la bêche ou l'arrosoir à la main.

Quand votre montre s'arrête, vous la démontez, puis vous la portez chez l'horloger ; quand votre auto est en panne, vous levez le capot et vous tripotez dans le moteur, puis vous allez chercher un mécanicien. Avec n'importe quoi au monde, on peut faire quelque chose ; on peut tout arranger, tout réformer, mais, contre le temps, on ne peut rien entreprendre. Ni le zèle, ni l'ingéniosité, ni la curiosité ni les jurons n'y peuvent rien ; les bourgeons s'ouvrent et les germes lèvent lorsque leur temps est venu et quand le veut leur loi. C'est ici que l'on prend pleinement conscience de l'impuissance de l'homme ; c'est ici que l'on comprend que la patience est la mère de la sagesse.

Du reste, il n'y a pas autre chose à faire.

Votre doigt touche
un germe fragile et
plein de promesses

Bourgeons

Aujourd'hui, 30 mars, à 10 heures du matin, la première fleur de forsythia s'est ouverte derrière mon dos. Durant trois jours j'ai surveillé son plus beau bourgeon, semblable à une petite cosse dorée, pour ne pas manquer cet instant historique ; la chose s'est passée tandis que j'interrogeais le ciel pour savoir s'il allait pleuvoir. Dès demain les tiges de forsythia seront toutes parsemées de petites étoiles d'or. Cela ne se peut retenir. Mais bien sûr ce sont les lilas qui se sont dépêchés le plus ; avant qu'on s'en méfie, les voilà recouverts de petites feuilles tendres et frêles ; les lilas, savez-vous, il est impossible de les surveiller ; le groseillier doré développe lui aussi ses feuilles dentelées et bourgeonnantes, mais tous les autres arbustes et arbrisseaux attendent encore l'ordre d'aller de l'avant, qu'ils reçoivent de la terre ou du ciel ; à ce moment-là, tous les bourgeons s'ouvriront ; et voilà.

Le bourgeonnement appartient aux phénomènes que nous autres, hommes, appelons « marche naturelle » ; et en effet le bourgeonnement est une véritable marche. La décomposition est aussi une « marche naturelle », mais elle ne nous fait pas le moins du monde penser à une jolie marche musicale. Je ne voudrais pas composer le moindre *Tempo di Marcia* pour la marche de la décomposition. Mais, si j'étais musicien, j'écrirais *la Marche des Bourgeons*. On entendrait d'abord la marche légère des bataillons de lilas, puis les pelotons de groseilliers se mettraient en route ; au beau milieu on verrait arriver l'épaisse cohue des bourgeons de poiriers et de pommiers, tandis que l'herbe jeune bruirait et balbutierait sur toutes les cordes qu'il serait possible de faire vibrer. Et, aux sons de cet orchestral accompagnement, on verrait défiler des régiments de bourgeons disciplinés, marchant sans perdre haleine toujours de l'avant, comme un seul homme, suivant l'expression militaire. Un, deux, un, deux ; mon Dieu, quel beau défilé !

On dit qu'au printemps la nature verdoie ; ce n'est pas absolument vrai, car elle se pare aussi de bourgeons roses et écarlates. Il y a des bourgeons d'un pourpre foncé et d'un rouge brutal ; d'autres sont gris et gluants comme la poix ; d'autres sont blanchâtres comme le feutre qui recouvre le ventre d'une hase, mais il y en a aussi qui sont violets et fauves ou sombres comme du vieux cuir. Quelques-uns laissent percer de petites pointes, d'autres ressemblent à des doigts ou à des langues et d'autres encore rappellent des verrues. Les uns s'enflent, deviennent charnus, se couvrent de duvet et sont trapus comme de jeunes chiens ; d'autres s'allongent en une pointe mince et raide ; d'autres poussent des queues hérissées et fragiles. Croyez-moi, les bourgeons sont aussi étranges et aussi divers que les feuilles ou les fleurs. On n'a jamais fini de découvrir les différences qui les séparent. Mais, pour les trouver, il faut que vous choisissiez un petit bout de terrain.

Si vous allez à pied jusqu'à Benešov[1], vous connaîtrez du printemps beaucoup moins de choses qu'en vous accroupissant dans votre jardin. Il faut vous arrêter et alors vous verrez les lèvres entr'ouvertes et les regards furtifs, les doigts mignons et les armes levées à bout de bras, la fragilité du nouveau-né et l'élan agressif de la volonté de vivre ; et c'est alors que vous entendrez gronder tout bas la *Marche des Bourgeons*.

Voilà ; tandis que j'écrivais ceci, le signal, semble-t-il, a été donné ; les bourgeons, qui, ce matin encore, étaient entortillés dans leurs langes, ont donné naissance à de petites pointes de feuilles, les tiges de forsythia rayonnent d'étoiles d'or, les plis gonflés des bourgeons de poiriers se sont tendus et sur la pointe de je ne sais quels petits boutons étincellent des yeux jaunes et verts. Les écailles résineuses ont livré passage à une jeune verdure, les gros boutons ont percé et il en sort un filigrane de coches et de plis. N'aie pas peur, petite feuille vermillon ; ouvre-toi, éventail replié ; étire-toi, dormeur couvert de

1. Ville de Bohême.

duvet; l'ordre de marche vient d'être donné. Éclatez, préludes de cette Marche non écrite. Brillez au soleil, cuivres dorés, retentissez, tympanons, jouez, flûtes, répandez votre pluie d'harmonie, innombrables violons, car le jardin calme, gris et vert, s'est mis victorieusement en marche.

Avril

Avril,
c'est le vrai mois béni
du jardinier

Avril, c'est le vrai mois béni du jardinier. Que les amoureux aillent dans les bois magnifier le mois de mai ; en mai, les arbres et les plantes ne font que fleurir, tandis qu'en avril, ils poussent. Sachez que cette germination et ce bourgeonnement, ces boutons, ces bourgeons et ces germes sont la plus grande merveille de la nature et je ne vous en révélerai plus un seul mot ; accroupissez-vous vous-mêmes et creusez du doigt la terre meuble, en retenant votre souffle, car votre doigt touche un germe fragile et plein de promesses. Cela ne se peut décrire, pas plus qu'un baiser et un petit nombre d'autres choses.

Mais, puisque nous en sommes à ce germe fragile, personne ne sait comment cela se fait, mais la chose suivante arrive très fréquemment : quand vous mettez le pied dans une plate-bande pour en ôter une branche sèche ou pour arracher un vilain pissenlit, il n'est pas rare que vous marchiez sur un germe de lis encore enterré ; vous entendez un craquement sous votre pied et vous vous raidissez d'horreur et de honte ; à ce moment-là, vous vous considérez comme un monstre sous la trace des sabots de qui l'herbe ne repousse plus. Ou bien, vous êtes en train de rafraîchir avec une infinie précaution le sol d'une plate-bande : vous pouvez être sûr que vous allez couper d'un coup de pioche un oignon en germination ou trancher avec votre bêche des germes d'anémone : et comme, saisi d'horreur, vous reculez, votre patte écrase une primevère en fleurs ou brise un jeune rameau de « pied-d'alouette ». Plus grands sont les scrupules et la prudence avec lesquels vous travaillez, plus vous commettez de dégâts ; il vous faudra des années d'expérience pour acquérir la sûreté mystérieuse et brutale du véritable jardinier qui met le pied n'importe où et qui cependant n'écrase rien ou, s'il écrase quelque chose, ne s'en soucie pas du tout. Ceci est une parenthèse.

*

Avril n'est pas seulement le mois de la germination ; il est aussi le mois des plantations. Avec enthousiasme, avec un enthousiasme forcené et impatient, vous avez commandé chez les jardiniers des plants sans lesquels il vous est impossible de vivre plus longtemps ; vous avez promis à tous vos amis jardiniers d'aller chez eux quérir des boutures ; jamais vous n'en avez assez. Et c'est ainsi qu'un beau jour vous vous trouvez avoir chez vous quelque cent soixante-dix plants, qui demandent à être mis en terre. À ce moment, vous regardez autour de vous dans votre jardin et vous acquérez la désolante certitude que vous n'avez pas de place pour les loger.

Ainsi donc le jardinier, en avril, est un homme qui, un plant à demi desséché à la main, fait vingt fois le tour de son jardin pour chercher un coin de terre où il n'y ait encore rien de planté. « Non, ici, ça ne va pas, gronde-t-il à voix basse, c'est ici que j'ai mis ces bougres de chrysanthèmes ; là, ça m'étoufferait mon phlox, et là, il y a aussi quelque plante, que le diable l'emporte. Hem, ici poussent des campanules et là, il n'y a pas de place non plus – où vais-je bien pouvoir le mettre ? Ah, voyons, ici – non, il y a déjà de l'aconit ; ou bien là – mais il y a aussi quelque chose. Voilà une place qui serait bonne, mais c'est tout rempli de tradescantia et là – qu'est-ce que c'est qui pousse là ? Je voudrais bien le savoir. Ah, voilà une petite place ; attends, ma bouture, je vais faire ton lit. Là, tu vois ; et maintenant, adieu ; pousse de ton mieux. »

Très bien ; mais deux jours après, le jardinier s'aperçoit qu'il a planté sa bouture au beau milieu des tiges écarlates de l'œnothère.

*

L'homme jardinier est indubitablement un produit de la civilisation et pas du tout de l'évolution naturelle. S'il avait été produit par la nature, il serait fait tout différemment ; il aurait des jambes de scarabée afin de n'être point obligé de s'asseoir à croupetons et il aurait des ailes, d'abord parce que c'est plus joli et, en second lieu, pour pouvoir s'élever au-dessus de ses plates-bandes. Quiconque n'en a pas fait l'épreuve ne peut se faire une idée de l'embarras que constituent les jambes pour un homme qui ne sait où les poser ; il ne peut s'imaginer comme elles sont inutilement longues quand il faut les plier au-dessous de soi pour creuser la terre avec les doigts, et comme elles sont ridiculement courtes lorsqu'on a besoin d'atteindre l'autre côté d'une plate-bande sans écraser un tapis de pyrèthre. Ou être suspendu à une sangle et se balancer au-dessus de ses cultures, ou du moins avoir quatre mains avec, au-dessus, une tête coiffée d'une casquette et rien de plus, ou bien avoir des membres extensibles à volonté, comme un pied d'appareil photographique ! Mais, étant donné que le jardinier est, extérieurement, conditionné de façon aussi imparfaite que tout le monde, il ne lui reste qu'à montrer ce dont il est capable, comme se balancer sur la pointe d'un seul pied, s'élever dans les airs à l'instar d'une ballerine d'opéra impérial, s'écarteler en largeur sur quatre mètres, se poser aussi délicatement qu'un papillon ou un hochequeue, faire tenir son corps dans un pouce carré de terrain, se maintenir en équilibre dans des conditions contraires à toutes les lois qui régissent les corps penchés, atteindre partout et s'écarter de tout ; et, par-dessus tout cela, conserver, ce faisant, une certaine dignité pour que les gens ne se moquent pas de lui.

Il va de soi qu'au premier coup d'œil vous ne voyez du jardinier autre chose que son derrière : tout le reste, tête, mains et pieds, se trouve au-dessous.

*

« Je vous remercie, il y en aura bientôt une foule, les narcisses, les jacinthes, les violettes, les ombilics, les saxifrages, les arabis, les hutchinsias, les primevères et les bruyères printanières et tout ce qui va pousser demain ou après-demain… vous verrez ça. »

L'homme jardinier
est indubitablement
un produit de
la civilisation
et pas du tout
de l'évolution naturelle

*

Bien entendu, n'importe qui est capable de voir. « Mon Dieu, la jolie fleur », dira un profane, à quoi le jardinier, sur un ton légèrement offensé, répondra : « Vous voyez bien que c'est une petrocallis pyrenaica. » Car le jardinier a un faible pour les noms ; une fleur sans nom est, pour parler à la façon de Platon, une fleur qui n'a pas « d'idée » métaphysique ; bref elle n'a pas de réalité pleine et véritable. Une fleur sans nom n'est que de la mauvaise herbe ; une fleur dotée d'un nom latin est en quelque sorte promue à l'état de spécialité. S'il pousse une ortie dans une de vos plates-bandes, vous lui appliquez le nom de « urtica dioica » et vous commencez à lui attribuer de la valeur et même vous piochez le sol autour d'elle et vous le fumez avec du salpêtre du Chili. Quand vous parlez avec un jardinier, demandez-lui toujours : « Comment s'appelle cette rose ? – C'est la Burmeester van Tholle, vous répondra le jardinier tout réjoui. Et celle-là, c'est la Madame Claire Mordier » et, ce disant, il pense que vous êtes un homme poli et bien élevé. Mais ne hasardez pas des noms vous-même ; ne dites pas par exemple : « Vous avez là un joli arabis », parce que le jardinier peut se mettre à tonner contre vous : « Allons donc, vous ne voyez pas que c'est une ereckia bornmulleri ? » À vrai dire, c'est presque la même chose, mais les noms sont les noms, et nous autres jardiniers, nous tenons à ce qu'on dise les noms exacts. C'est pourquoi nous n'aimons pas les enfants ni les merles, parce qu'ils nous enlèvent nos étiquettes et les mélangent, et c'est ainsi qu'il nous arrive de dire avec étonnement : « Voyons, voilà un cytise qui pousse tout à fait comme un edelweiss – c'est peut-être une variété locale ; et c'est certainement un cytise, car il a à côté de lui l'étiquette que j'ai placée moi-même. »

Car cette terre est arrosée

de ma sueur

et de mon sang

La fête
(Premier Mai)

... Mais ce n'est pas la Fête du travail que je veux célébrer, c'est celle de la propriété privée ; et s'il ne pleut pas je la célébrerai accroupi dans mon jardin, en marmottant : « Attends, je vais te donner un peu plus de tourbe et te couper cette pousse ; tu voudrais t'enfoncer davantage dans la terre, hein ? » Et la plante dira que oui et je l'enfoncerai plus profondément dans la terre. Car cette terre est arrosée de ma sueur et de mon sang, et cela au sens propre du terme, car lorsqu'on coupe un rameau ou une pousse, il est presque fatal que l'on s'entaille le doigt, lequel n'est pas autre chose lui aussi qu'une pousse ou un rameau. Quiconque a un jardin devient inéluctablement un défenseur de la propriété privée ; et alors, ce n'est pas un rosier qui pousse dans ce jardin, c'est *son* rosier. L'homme qui est propriétaire prend conscience d'une certaine solidarité qui le lie à son prochain, par exemple en ce qui concerne le temps ; il se met à dire : « Nous aurions besoin d'une bonne pluie » ou « nous avons été bien arrosés ». D'autre part, il devient en quelque sorte fortement exclusif ; il trouve que les arbustes des voisins ne sont que du bois de fagot, à la différence des siens propres ; ou bien il constate que tel cognassier viendrait bien mieux dans son jardin que dans celui du voisin, etc. Il est donc vrai que la propriété privée suscite certains intérêts collectifs, certains intérêts de classe, par exemple en ce qui concerne le temps ; mais il est non moins vrai qu'elle excite à l'extrême de forts instincts d'égoïsme, d'initiative et de possession. Il ne fait pas de doute que les hommes n'aillent au combat pour défendre leurs idées, mais ils iraient avec plus de zèle encore et plus de férocité pour défendre leurs jardins. Un homme qui possède quelques arpents de terre et qui y cultive quelque chose devient, en vérité, un être conservateur car il est assujetti à des lois naturelles millénaires ; on aura beau faire, aucune révolution n'accélérera la germination ni ne fera fleurir les lilas avant le mois de mai ; cette leçon rend l'homme plus sage et fait qu'il se soumet aux lois et aux coutumes.

Maintenant, petite campanule des Alpes, je vais te creuser un lit plus profond. Le travail ! Cette baguenauderie dans le jardin, c'est aussi un travail, car – c'est moi qui vous le dis – vous vous y éreintez le dos et les genoux. Mais ce n'est pas le travail qui importe, c'est la campanule. Tu ne travailles pas parce que le travail est beau, ni parce qu'il ennoblit, ni parce qu'il est sain ; tu travailles pour que la campanule croisse et pour que les saxifrages s'étendent comme un tapis. Si tu voulais glorifier quelque chose, tu ne pourrais pas glorifier le travail que tu fais là, mais seulement la campanule ou le saxifrage pour lesquels tu le fais. Et si au lieu d'écrire des articles et des livres tu étais devant un métier ou un tour, tu ne travaillerais pas pour travailler, mais pour avoir du petit salé aux pois ou bien pour nourrir un tas de petits enfants. Et c'est pourquoi tu devrais célébrer le petit salé aux pois, les enfants et la vie, tout ce que tu achètes et que tu payes de ton travail. Les cantonniers ne devraient pas célébrer seulement leur travail, mais aussi les routes qui en sont le fruit, et les tisserands, le jour du Premier Mai, devraient surtout glorifier les kilomètres de coutil et de canevas qu'ils ont fait produire aux machines. On appelle ce jour-là la Fête du travail et non la Fête de la production : et cependant l'homme devrait tirer beaucoup plus de fierté du produit de sa peine que de sa peine elle-même.

J'ai demandé à quelqu'un qui avait rendu visite à feu Tolstoï quel air avaient les souliers que celui-ci se fabriquait lui-même. Il paraît qu'ils étaient extrêmement mauvais. Quand on fait un travail, il faut le faire soit parce qu'on y prend plaisir, soit parce qu'on y est habile, soit enfin pour gagner sa vie ; mais fabriquer des souliers par principe, travailler par principe et par vertu, c'est faire un travail qui ne vaut pas grand-chose. J'aurais cru que la Fête du travail serait couronnée par la glorification de l'habileté de l'homme et de toutes les prérogatives qui appartiennent à ceux qui savent prendre le travail par le bon bout. Si nous célébrions aujourd'hui les gaillards de tous les pays, cette journée aurait un visage particulièrement joyeux : ce serait une vraie fête, une kermesse en l'honneur de la vie, la fête de tous les vrais gaillards.

Oui, mais cette Fête du travail est un jour grave et sévère. Ne t'en soucie pas, petite fleur de phlox printanier, et laisse s'épanouir ton premier calice rose.

Mai

Ne t'en soucie pas,
petite fleur

Occupés sans cesse à piocher, à bêcher, à transplanter et à tailler, nous n'avons pas encore pu parler de la plus grande joie et de l'orgueil suprême du jardinier, de son rocher, appelé aussi « *alpinum* ». Il est sûr qu'on l'appelle ainsi parce que ce coin de jardin permet à son propriétaire de pratiquer un alpinisme de casse-cou : s'il veut, par exemple, planter entre deux pierres une petite androsace, il faut qu'il pose légèrement un pied sur cette pierre qui branle un peu, tandis que son autre jambe se balance en l'air, de manière à ne pas marcher sur un tapis d'érysime ou d'aubriétie en fleur. Il faut qu'il s'étende, s'accroupisse, se retourne, s'allonge, saute, tombe, s'incline de la façon la plus audacieuse pour pouvoir planter, piocher, creuser et sarcler au milieu de ces rochers pittoresquement étagés et pas précisément en équilibre.

L'entretien d'un rocher se révèle ainsi comme un sport émouvant et de grande classe ; en outre, c'est l'occasion d'innombrables et admirables surprises, comme lorsque, à l'altitude vertigineuse d'un coude, vous découvrez dans votre rocher une touffe fleurie d'edelweiss ou d'autres représentants de la flore des hautes cimes alpestres. Mais que vais-je vous conter là ? Quiconque n'a pas cultivé ces mille clochettes, saxifrages, ibéris, etc., et les fraisiers et les joubarbes et la lavande et toutes les variétés de serpolet et l'iris pumila et le lin sauvage (sans oublier, bien sûr, l'aster alpin, l'absinthe rampante, l'erinus, l'erodium, l'hutchinsia, et la paronychia, le thlaspi, l'æhionema et autres fleurs magnifiques comme le pétrocallis, le lithospermum, l'astragale et d'autres non moins importantes comme sont les primevères, les violettes de montagne, etc.) ; quiconque, dis-je, n'a pas cultivé toutes ces fleurs, sans compter bien d'autres encore (parmi lesquelles je nommerai seulement l'onosma, l'acaena, la bahia et la cherlerie) que celui-là n'aille pas parler des beautés du monde : car il n'a pas vu ce qu'il y a de plus joli, ce que cette terre rude, dans un instant d'attendrissement (qui n'a guère duré que quelques centaines de milliers d'années), a créé. Si vous voyiez un beau tapis de dianthus musalae, les fleurs les plus roses qui aient jamais…

Mais que vais-je vous conter là ? Seuls les propriétaires de rochers connaissent ce ravissement sectaire.

Oui, car un propriétaire de rocher n'est pas seulement un jardinier, c'est aussi un collectionneur, ce qui le range parmi les maniaques les plus gravement atteints. Montrez-lui une campanula morettiana qui a poussé dans votre jardin : il viendra vous la voler pendant la nuit, les armes à la main, car il ne peut plus vivre sans elle ; s'il est trop poltron ou trop gras pour venir vous la prendre, il se mettra à gémir et à pleurnicher pour que vous lui en donniez une pousse, si petite soit-elle. Voilà, c'est bien fait pour vous : pourquoi vous êtes-vous vanté devant lui et avez-vous déployé à ses yeux vos trésors ?

Ou bien, il lui arrivera de trouver dans un magasin un pot de fleurs sans étiquette contenant une petite plante verdâtre :

« Et qu'est-ce que vous avez là ? dit-il au commerçant.

– Ça ? répond l'autre embarrassé, c'est quelque campanule ; je ne sais pas moi-même ce que ça peut bien être.

– Donnez-la-moi, dit le maniaque, feignant l'indifférence.

– Non, dit le commerçant, je la vends pas.

– Allons, voyons, commence le maniaque sur un ton émouvant, voilà si longtemps que je me sers chez vous ; dites-moi, qu'est-ce que ça peut vous faire, hein ? »

Après force discours, s'écartant et se rapprochant alternativement du petit pot anonyme et mystérieux, montrant d'une façon évidente qu'il ne s'en ira pas avant de le posséder, dût-il rester là des mois, bref, ayant usé de tous les trucs du collectionneur et de toutes les pressions, notre propriétaire de rocher emporte sa mystérieuse campanule chez lui, lui choisit la meilleure place dans son rocher, la plante avec une tendresse infinie et va tous les jours l'arroser avec toute l'attention que mérite une pareille rareté. Et, de vrai, la campanule pousse comme une folle.

« Regardez, dit le propriétaire, rempli d'orgueil, à ses invités, voilà une étrange variété de campanule, hein ? Personne encore n'a pu me l'identifier ; je suis curieux de savoir l'air qu'elle aura quand elle aura fini de pousser.

– Ça, une campanule ? dit un invité. Mais ça a des feuilles comme le raifort.

– Allons donc, le raifort ! réplique le propriétaire. Le raifort a des feuilles beaucoup plus grandes et pas si brillantes. C'est certainement une campanule, mais peut-être – ajoute-t-il avec modestie – est-ce là une espèce nouvelle. »

Grâce à une abondante humidité, ladite campanule pousse avec une vitesse qui suscite l'étonnement.

« Regardez, dit le propriétaire, vous prétendiez qu'elle avait des feuilles comme un raifort. Vous avez déjà vu quelquefois un raifort qui eût des feuilles aussi grandes ? Mon cher, c'est quelque "campanula gigantea", elle va avoir des feuilles de la grandeur d'une assiette. »

Eh bien, en fin de compte, sur cette campanule unique au monde commence à se former une fleur et... ma foi, ce n'est tout de même pas autre chose qu'un raifort; le diable sait comment il est venu se loger dans ce pot.

« Dites-moi, demande un invité quelque temps après, où est passée cette campanule géante? Elle ne fleurit pas encore?

– Ne m'en parlez pas. Elle a crevé. Vous savez, avec ces variétés rares et délicates... Ça devait être quelque hybride. »

*

Quelle misère on a pour se procurer des fleurs! En mars, le commerçant, d'ordinaire, n'exécute pas votre commande parce qu'il gèle, par exemple, et que les semis n'ont pas encore levé; en avril, il ne l'exécute pas non plus, parce qu'il en a trop; et en mai, il ne vous l'exécute pas davantage, parce qu'il a presque tout vendu. « Il n'y a plus de primevères, mais si vous voulez je vous donnerai à la place des cierges de Notre-Dame, ils font aussi des fleurs jaunes. »

Cependant, quelquefois, il arrive que le facteur vous apporte un panier contenant les plants commandés. Victoire ! J'ai justement besoin, pour cette plate-bande, d'une plante très haute au milieu des aconits ; je vais y mettre un origan ; le plant que j'ai reçu est, à vrai dire, bien petit, mais ça va pousser en un clin d'œil.

Un mois passe et le plant ne veut rien savoir pour grandir, cela ressemble à une herbe basse… si ce n'est pas un origan, on dirait que c'est un dianthus. Il nous faut l'arroser abondamment, pour qu'il pousse : et… tiens, ça fait des fleurs roses…

« Voyez, dit le jardinier à un visiteur entendu, en le montrant du doigt, c'est un petit origan, hein ?

– Vous voulez dire un dianthus, corrige le visiteur.

– Bien entendu, un dianthus, – dit le propriétaire aussitôt – ma langue a fourché. Je me disais justement qu'au milieu de ces plantes de haute taille, un origan irait mieux. Vous ne croyez pas ? »

N'importe quel manuel de jardinage vous dira que « le mieux, c'est de se procurer des plants en faisant soi-même les semis ». Mais il ne vous dira pas qu'en ce qui concerne les semences, la nature a ses habitudes propres. C'est une loi naturelle qu'aucune de vos graines ne germe ou bien que toutes lèvent à la fois. On se dit : « Ici quelque chardon décoratif, comme un cirsium ou un onopordon, irait à merveille. » Et on achète un sachet de graines de chaque espèce, on les sème et on se réjouit de voir comme elles lèvent bien ; quelque temps après, il faut les repiquer et le jardinier est tout épanoui à la pensée qu'il a cent soixante-dix pots contenant chacun un plant rempli de vie ; il se dit que faire soi-même les semis, c'est tout de même l'idéal. Et maintenant, il faut planter tout cela ; mais que faire de cent soixante-dix chardons ? Il en a déjà piqué partout où il y avait un pouce de terre et il lui en reste encore plus de cent trente : alors, faudra-t-il les jeter au fumier, ces plants qui ont coûté tant de peine ?

« Voisin, ne voudriez-vous pas quelques plants de cirsium ? C'est très décoratif, vous savez.

— Ma foi, oui, à la rigueur. »

Dieu merci, le voisin en a pris trente. Le voilà maintenant qui court dans son jardin, fort embarrassé pour trouver un coin où les planter.

Il y a encore un voisin en bas et un autre en face.

Dieu leur vienne en aide, lorsque pousseront ces chardons décoratifs de deux mètres de haut !

Aucun miracle du soleil
ne se peut égaler
au miracle
de la bienfaisante pluie

La pluie bienfaisante

Il faut croire que chacun de nous a en lui par hérédité un peu d'âme paysanne, même lorsqu'il ne cultive pas de pélargonium dans un pot sur le bord de sa fenêtre. Dès qu'il fait soleil depuis une semaine, nous commençons à regarder le ciel d'un air inquiet et à dire à tout venant : « Il faudrait de la pluie.

– Oui, répond un autre citadin. L'autre jour, je suis allé à Letná[1]. Tout y est sec au point que la terre se crevasse.

1. Quartier de Prague constitué presque exclusivement de jardins publics (*N. d. T.*).

– Et moi, je suis allé l'autre jour à Kolín, en chemin de fer, reprend le premier, et je crois qu'il fait une sécheresse terrible.

– Il faudrait qu'il tombe une bonne pluie, soupire le second.

– Et que ça dure au moins trois jours », ajoute le premier.

Mais en attendant, le soleil darde ses rayons ; Prague peu à peu commence à sentir la chair humaine échauffée ; dans les tramways les gens sont excités et quelque peu hargneux.

« Je pense qu'il va pleuvoir, dit un être couvert de sueur.

– Ce serait à souhaiter, halète un autre.

– Il faudrait qu'il pleuve au moins une semaine, reprend le premier, pour la campagne et tout.

– Il fait trop sec », avance le second.

Pendant ce temps, la chaleur du soleil devient étouffante, on sent dans l'air une tension extrême, les nuages roulent dans le ciel sans soulager ni la terre ni les gens. Mais, tout à coup, l'orage éclate à l'horizon ; un vent gorgé d'eau se met à souffler, et ça y est : la pluie, tombant comme des cordes, ruisselle sur les pavés, la terre respire d'une façon presque perceptible à l'oreille, l'eau bruit, cliquette, jase, tambourine aux fenêtres, tapote avec mille doigts dans les chéneaux, court en longs rubans et sonne dans les flaques, et l'homme voudrait crier de joie ; il met la tête à la fenêtre, pour la rafraîchir au contact de l'humidité céleste ; il siffle, il fait du bruit et voudrait se mettre tout nu dans les torrents jaunâtres qui se précipitent le long des rues. Bienfaisante pluie, rafraîchissante volupté de l'eau ! Rachète mon âme et lave mon cœur, scintillante et froide rosée ! La chaleur m'avait déjà rendu mauvais, mauvais et paresseux ; j'étais paresseux et lourd, stupide, matériel et égoïste ; je me desséchais de sécheresse et je m'étouffais en moi-même sous le fardeau de mon dégoût. Résonnez, baisers argentés avec qui la terre altérée accueille le choc des gouttes de pluie ; bruis, rideau de pluie qui purifies tout. Aucun miracle du soleil ne se peut égaler au miracle de la bienfaisante pluie. Cours, eau souillée, dans les ruisseaux, abreuve et attendris la matière assoiffée qui nous emprisonne. Tous nous avons respiré, moi, l'herbe, la terre, nous tous : c'est ainsi que nous sommes bien.

Résonnez,
baisers argentés
des gouttes de pluie

La pluie bienfaisante

L'averse bruissante a cessé, comme par enchantement ; la terre brille à travers une brume argentée ; dans les buissons, le merle éclate en chansons et fait le fou ; nous aussi nous ferions bien les fous, mais, en attendant, nous sortons, tête nue, devant notre porte, pour respirer l'humidité étincelante de l'air et du ciel.

« Il est tombé une bonne pluie, nous disons-nous.

— Oui, mais il devrait en tomber davantage encore.

— Il le faudrait, mais c'était déjà une bonne petite pluie. »

Une demi-heure après, il recommence à pleuvoir, en longs fils ténus ; c'est la vraie pluie calme et bonne ; c'est la moisson qui tombe du ciel, abondante et calme. Ce n'est plus l'averse giclante et bruyante ; c'est la douche légère et tranquille qui murmure doucement. Pas une seule goutte de toi, douce rosée, ne tombe en vain. Mais voici que les nuages se déchirent et que le soleil dissipe les fils ténus ; les fils se rompent, la douche s'arrête, et la terre exhale une agréable tiédeur.

« C'était une bonne petite pluie de mai, nous félicitons-nous, tout va maintenant verdoyer à souhait.

– Encore quelques gouttelettes, disons-nous, et ça sera suffisant. »

Le soleil frappe à plein la terre, une sueur vaporeuse monte du sol humide, on respire péniblement, on a une sensation d'étouffement comme après un incendie. Dans un coin du ciel se prépare une nouvelle tempête, on respire une vapeur humide, quelques lourdes gouttes tombent du ciel et de quelque part ailleurs souffle un vent ivre, d'un froid pluvieux. On s'abandonne dans l'air imprégné d'humidité comme dans un bain tiède ; on respire des gouttelettes d'eau, on marche à travers des rigoles, on voit dans le ciel s'amonceler des paquets de vapeur blancs et gris : c'est comme si le monde entier voulait fondre en une pluie de mai, chaude et douce.

« Il devrait bien pleuvoir encore un peu », disons-nous.

Dans le cœur du
jardinier se livre une
lutte entre sa sollicitude
pour ses fleurs et cette
espèce d'enthousiasme
que provoquent en nous
les phénomènes
de la nature

Juin

Juin
est le grand moment
de la fenaison

Juin est le grand moment de la fenaison ; mais, pour ce qui est de nous, jardiniers citadins, n'allez pas croire, je vous prie, qu'un beau matin nous allons taper notre faux pour nous mettre, la chemise ouverte sur la poitrine, à faucher avec de grands gestes l'herbe scintillante de rosée, en chantant des refrains populaires. La réalité est quelque peu différente. D'abord, nous autres, jardiniers, nous voulons avoir une pelouse anglaise, verte comme un billard et touffue comme un tapis, une pelouse parfaite, un gazon sans tache, semblable à du velours, une prairie comme une table. Au printemps nous nous apercevons que notre pelouse anglaise se compose de plaques dénudées, de trèfle, de pissenlits, de terre, de mousse et de quelques touffes d'herbe dures et jaunies. Il faut d'abord sarcler tout cela ; nous nous asseyons donc sur nos jambes et nous arrachons de la pelouse toutes sortes de mauvaises herbes, laissant derrière nous un sol nu et ravagé, comme si une bande de maçons ou un troupeau de zèbres y avait dansé. Puis il faut arroser tout cela et le laisser se crevasser au soleil. Enfin nous décidons qu'il faut tout de même faucher cette pelouse.

Le jardinier inexpérimenté, cette décision prise, se met en route pour la banlieue la plus proche et marche jusqu'à ce qu'il trouve dans quelque chemin de terre complètement brouté et dénudé quelque vieille femme gardant une chèvre, laquelle mordille des branches d'aubépine ou le filet d'un court de tennis.

« Grand-mère, lui dit-il gentiment, ne voudriez-vous pas de l'herbe bien jolie pour votre chèvre ? Vous pourriez la mener paître chez moi, tant que vous voudriez.

– Combien donnez-vous ?, répond la vieille, après quelque réflexion.

– Vingt couronnes », dit le jardinier et il rentre chez lui pour attendre la vieille avec sa chèvre et sa faucille. Mais la vieille ne vient pas.

A VENDRE

Le jardinier achète alors une faucille et une pierre à affûter et proclame qu'il ne demandera plus rien à personne et qu'il fauchera son herbe tout seul. Malheureusement la faucille est si émoussée ou l'herbe citadine si dure que la faucille ne mord pas ; il faut alors prendre chaque brin par l'extrémité, tirer vers le haut et frapper dans le bas un grand coup avec la faucille ; d'ordinaire les radicelles viennent avec. Ça va considérablement plus vite avec des ciseaux. Lorsque enfin le jardinier a tondu, épluché et dénudé sa pelouse, pour autant qu'il l'a pu faire, il lui reste tout de même un petit tas de foin. Et le voilà qui se met en route et qui retourne chercher la vieille à la chèvre.

« Grand-mère, dit-il d'un air mielleux, vous ne voudriez pas venir prendre chez moi une hottée de foin pour votre chèvre, c'est du beau foin, bien propre…

– Combien donnez-vous ?, demande la vieille après mûre réflexion.

– Dix couronnes », déclare le jardinier et il court chez lui attendre la vieille, qui doit venir chercher le foin. C'est tout de même dommage de jeter du foin si joli, n'est-ce pas ?

En fin de compte, c'est le boueux qui se charge du foin et encore faut-il lui donner une couronne. « Vous savez ben, pas vrai, que j'ai pas le droit de prendre ça sur ma voiture. »

*

Un jardinier plus expérimenté va tout simplement acheter une machine à tondre le gazon ; c'est un petit machin sur roues qui fait du bruit comme une mitrailleuse et qui, lorsqu'on le pousse dans une prairie, fait voler les brins d'herbe de tous côtés : on prend plaisir à le regarder faire. Lorsque cette machine arrive dans une maison, tous les membres de la famille, du grand-père au petit-fils, se battent pour savoir qui fauchera l'herbe, si grand est le plaisir de faire du bruit et de faucher une pelouse bien drue…

« Laissez, s'écrie le jardinier, je vais vous montrer comment on fait. » Puis il se met à parcourir la pelouse avec la solennité du conducteur de machine et du laboureur à la fois.

« À moi, maintenant, implore un autre membre de la famille.

– Un instant », dit le jardinier pour maintenir ses prérogatives et il s'élance de nouveau, faisant du bruit et fauchant l'herbe, et faisant tout voler.

C'est la première fenaison solennelle.

« Écoute – dit, quelque temps après, le jardinier à un autre membre de la famille – tu ne voudrais pas prendre la machine, pour faucher l'herbe ? C'est un travail très agréable.

– Je sais, répond l'autre avec tiédeur – mais il se trouve qu'aujourd'hui je n'ai pas le temps. »

*

L'époque de la fenaison, comme chacun sait, est aussi celle des orages. Pendant quelques jours cela se prépare dans le ciel et sur la terre : le soleil est ardent, et, en quelque sorte, antipathique ; la terre se crevasse et les chiens sentent mauvais ; le cultivateur regarde le ciel avec inquiétude et dit qu'il faudrait de la pluie. Puis apparaissent des nuages sinistres, comme on dit, et un vent sauvage se lève, qui entraîne avec lui la poussière, les chapeaux et des feuilles arrachées aux arbres ; le jardinier se précipite alors dans son jardin, tout échevelé, non pas pour défier les éléments comme un poète romantique, mais pour attacher tout ce qui plie sous le souffle du vent, emporter ses instruments de jardinage et ses chaises, bref pour parer aux catastrophes. Tandis qu'il essaye – vainement – d'attacher des tiges de « pied-d'alouette », les premières gouttes, grosses et chaudes, commencent à tomber; une minute étouffante passe, et boum! au son du tonnerre, une lourde averse s'abat. Le jardinier court s'abriter sur son seuil et regarde, le cœur gros, son jardin s'agiter sous les coups de la pluie et de la tempête; au plus fort de la tourmente il bondit, comme quelqu'un qui tente de sauver un enfant qui se noie, pour attacher un lis brisé par le vent. Mon Dieu, que d'eau! Les grêlons viennent faire leur partie dans ce vacarme, ils rebondissent sur le sol et sont balayés par des ruisseaux d'eau sale. Dans le cœur du jardinier se livre une lutte entre sa sollicitude pour ses fleurs et cette espèce d'enthousiasme que provoquent en nous les phénomènes de la nature. Puis le vacarme diminue, l'averse se change en une pluie froide, qui elle-même se raréfie peu à peu pour finir par cesser. Le jardinier court dans son jardin rafraîchi, jette un regard navré sur sa pelouse recouverte de sable, sur ses glaïeuls cassés et ses plates-bandes ravinées, et, tandis que le premier merle se met à chanter, il crie par-dessus la palissade à son voisin : « Eh, voisin, il faudrait bien encore un peu de pluie ; pour les arbres, ce n'est pas suffisant. »

Le lendemain, les journaux parlent d'une tempête catastrophique qui a causé de terribles dégâts, en particulier aux moissons ; mais ils ne disent pas qu'elle a causé de grands dégâts aux lis ou qu'elle a ravagé les « papaver Orientale ». Nous autres jardiniers sommes toujours tenus à l'écart.

*

Si ça pouvait servir à quelque chose, le jardinier tomberait à genoux tous les jours et ferait au Bon Dieu la prière suivante : « Mon Dieu, faites qu'il pleuve tous les jours, à peu près de minuit à trois heures du matin, mais que ce soit une pluie lente et tiède, afin que la terre puisse bien s'imbiber ; qu'il ne pleuve pas sur la lavande et toutes les autres plantes qui Vous sont connues, dans Votre infinie bonté, comme des plantes amies de la sécheresse ; si Vous voulez, je Vous en écrirai la liste sur un bout de papier ; et que le soleil brille toute la journée, mais pas partout (par exemple pas sur les rhododendrons), et qu'il ne soit pas trop ardent ; qu'il y ait beaucoup de rosée et peu de vent, une quantité raisonnable de vers de terre, pas de pucerons, ni de limaces, pas de moisissures, et que, une fois par semaine, il pleuve du purin étendu d'eau et de la fiente de pigeon. Amen. » Car sachez-le, il en était ainsi au Paradis Terrestre ; sinon, ça n'aurait pas si bien poussé là-bas, voyons.

*

Mais puisque j'ai parlé des pucerons, je dois ajouter que c'est précisément en juin qu'il faut les détruire. Il existe à cet effet toutes sortes de poudres, de préparations, de teintures, d'extraits, de décoctions et de drogues nauséabondes : arsenic, tabac et autres poisons, que le jardinier essaie l'un après l'autre, dès qu'il s'aperçoit que, sur ses rosiers, se multiplient d'une façon inquiétante des pucerons verts bien dodus. Si vous usez de ces produits avec une certaine précaution et dans une mesure raisonnable, vous verrez que, parfois, vos roses survivront à cette destruction des pucerons sans trop de dommages, si ce n'est que vous aurez brûlé les feuilles et les boutons : pour ce qui est des pucerons, ils se multiplient au cours de cette destruction d'une façon extraordinaire, de sorte qu'ils recouvrent entièrement les branches de rosier. À ce moment, on peut – en proclamant hautement son dégoût – les écraser branche par branche ; c'est, pratiquement, de cette façon que l'on détruit les pucerons ; mais le jardinier en a pour très longtemps encore à sentir l'extrait de tabac.

Des maraîchers

Il y a certainement des gens qui, en lisant ces instructives considérations, diront avec irritation : « Comment, voilà un gaillard qui nous parle de toutes les herbes qui ne se mangent pas, mais il ne mentionne même pas d'un mot les carottes, les cornichons, les choux, les choux-fleurs, les oignons, les poireaux, les radis, même pas le céleri, ni le persil, ni la ciboulette, ni le chou rouge. Qu'est-ce que c'est que ce jardinier, qui, partie par orgueil, partie par incompétence, passe sous silence ce qu'il y a de plus beau parmi tout ce qu'on peut cultiver, comme, par exemple, une planche de salade ! »

À ce reproche, je réponds que dans une des nombreuses périodes de mon existence, j'ai régné, moi aussi, sur quelques planches de carottes, de choux et de salades; j'agissais ainsi poussé par une espèce de romantisme, car je voulais me donner l'illusion d'être fermier. Le moment venu, il apparut que j'étais obligé de croquer tous les jours cent vingt radis, parce que personne autre dans la maison n'en voulait plus manger. La semaine d'après je nageais dans les choux, après quoi vinrent des orgies de cardon quelquefois déjà ligneux. Il y avait des semaines où j'étais obligé de mâcher de la salade trois fois par jour, pour n'avoir pas à la jeter. Je n'ai pas le moins du monde l'intention de gâter leur plaisir aux amateurs de légumes; mais, ce qu'ils ont fait pousser, qu'ils le mangent. Si j'étais forcé de manger mes roses ou de brouter les fleurs de mes muguets, je pense que je perdrais cette espèce de respect que j'ai pour elles. Un bouc peut devenir jardinier, mais un jardinier se change difficilement en bouc, pour brouter son jardin.

En outre, nous autres, jardiniers, avons déjà assez d'ennemis comme ça: les moineaux et les merles, les enfants, les escargots, les perce-oreille et les pucerons. Je vous demande un peu, faut-il encore que nous engagions les hostilités avec les chenilles ? Faut-il que nous excitions contre nous les papillons blancs ?

Tout citoyen rêve parfois à ce qu'il ferait, s'il était un seul jour dictateur. Pour ce qui est de moi, j'ordonnerais, je fonderais, j'imposerais une foule de choses, ce jour-là, et en particulier je publierais un « *Édit sur les framboises* » qui interdirait à tout jardinier, sous peine d'avoir la main droite tranchée, de planter des framboisiers près des palissades. Dites-moi, comment se fait-il qu'au milieu d'une touffe de rhododendrons sortent d'indestructibles rejets de framboisiers qui proviennent du jardin d'à côté ? Le framboisier rampe sous terre sur une distance de plusieurs mètres : ni palissade, ni mur, ni fossé, ne peuvent l'arrêter, ni même les fils de fer barbelés ou les pancartes. Puis tout d'un coup il vous projette une tige au milieu de vos œillets, et allez donc lui faire entendre raison. Puissent les pucerons faire aigrir tous vos plants de framboisier. Puissent des rejets de framboisier jaillir au milieu de votre lit. Puissiez-vous attraper des verrues de la grosseur d'une framboise mûre. Mais si vous êtes des jardiniers vertueux et honnêtes, vous ne planterez à côté de vos clôtures ni framboisier ni tournesol ni aucune de ces plantes qui, pour ainsi dire, empiètent sur la propriété de votre voisin.

Si vous voulez faire plaisir à votre voisin, plantez près de votre clôture des melons. Il m'est arrivé la chose suivante : un melon provenant du jardin d'à côté vint pousser chez moi, et il devint si énorme – un vrai melon de Chanaan, un melon record – qu'il suscita l'admiration de toute une série de publicistes, de poètes et même de professeurs d'Université, qui ne parvenaient pas à comprendre comment un fruit si gigantesque avait pu passer à travers les barreaux de la palissade. Quelque temps après, ledit melon prit des proportions telles qu'il en devenait indécent ; aussi, en manière de châtiment, nous le coupâmes et le mangeâmes.

Juillet

D'après le canon
des jardiniers,
c'est en juillet
que l'on greffe les roses

D'après le canon des jardiniers, c'est en juillet que l'on greffe les roses. Cela se passe d'ordinaire de la façon que je vais dire : on prépare un églantier ou un sauvageon que l'on veut greffer, puis une grande quantité de raphia et enfin un couteau de jardinier ou greffoir. Lorsque tout est prêt, le jardinier éprouve le fil de son greffoir sur la face interne de son pouce ; si le greffoir est convenablement aiguisé, il mord dans la chair et y laisse une petite plaie béante et saignante. Cette plaie se panse à l'aide de quelques mètres de gaze, ce qui fait pousser sur le doigt un bourgeon assez gros et plein. Voilà ce qu'on appelle la greffe des roses. Si on n'a pas d'églantier sous la main, on peut se faire l'entaille dans le pouce ci-dessus mentionnée dans une autre circonstance, comme, par exemple, en coupant des rejets ou des tiges de fleurs fanées, ou en taillant les arbustes, etc.

*

Après avoir ainsi greffé les roses, le jardinier s'aperçoit qu'il devrait bien bêcher un peu dans ses plates-bandes la terre trop tassée. Cette opération se fait environ une demi-douzaine de fois par an et chaque fois le jardinier extrait de terre une incroyable quantité de pierres et autres saletés. Il est évident que ces pierres naissent de quelques semences ou œufs, ou bien qu'elles montent sans cesse du centre mystérieux du globe; peut-être sont-elles la sueur de la terre. La terre de jardin ou de culture, appelée aussi humus ou terre meuble, se compose d'une manière générale de certains ingrédients qui sont: la terre, le fumier, les feuilles pourries, la tourbe, les pierres, les tessons de verres à bière, les plats cassés, les clous, les fils de fer, les os, les flèches hussites, le papier d'étain des tablettes de chocolat, les tuiles, les vieux sous, les vieilles pipes, le verre de vitres, les glaces, les vieilles étiquettes de plantes, les ustensiles de fer-blanc, les ficelles, les boutons, les semelles, les excréments de chien, le charbon, les anses de pot, les cuvettes, les serviettes, les bouteilles, les traverses, les bocaux, les boucles, les fers à cheval, les boîtes de conserves vides, les morceaux de journaux et d'innombrables autres composants que le jardinier surpris récupère chaque fois qu'il bêche ses plates-bandes. Peut-être qu'un jour il déterrera sous ses tulipes un poêle américain, le tombeau d'Attila ou les livres Sybillins : dans la terre de culture, on trouve de tout.

*

Mais le principal souci du jardinier en juillet, c'est évidemment l'arrosage du jardin. S'il arrose avec un arrosoir, il compte les arrosoirs comme un automobiliste les kilomètres : « Ouf, proclame-t-il avec l'orgueil de quelqu'un qui vient de battre un record, j'ai fait aujourd'hui mes quarante-cinq arrosoirs. » Si vous saviez quel plaisir on éprouve, lorsque l'eau fraîche ruisselle et murmure sur la terre desséchée ; lorsque, sur le soir, fleurs et feuilles scintillent sous la douche que leur administre une main zélée ; lorsque ensuite le jardin tout entier respire à l'aise comme respire le voyageur altéré : « Ah, ah, dit le voyageur, en essuyant l'écume de la bière restée sur ses moustaches, quelle soif j'avais, bon Dieu ! Patronne, encore un verre. » Et le jardinier court chercher encore un arrosoir pour cette soif de juillet.

Avec une prise d'eau et une lance d'arrosage, on peut arroser plus rapidement et, pour ainsi dire, en série : en un temps relativement court, nous éclabousserons, non seulement les plates-bandes, mais aussi le gazon, la famille du voisin qui est en train de goûter, les passants dans la rue, l'intérieur de notre maison, tous les membres de notre famille et surtout nous-même. Le jet d'une lance d'arrosage a un effet formidable, presque comparable à celui d'une mitrailleuse ; on peut s'en servir pour creuser un trou dans la terre en un instant, pour briser les plantes et pour arracher aux arbres leur feuillage. Vous pouvez vous rafraîchir d'une façon idéale, en dirigeant le jet de votre lance contre le vent : c'est de la véritable hydrothérapie, tant cela vous pénètre. La lance d'arrosage a de plus la manie particulière de se trouer quelque part vers le milieu, à l'endroit que vous soupçonnez le moins ; et alors vous vous tenez comme un dieu des ondes au milieu de rayons jaillissants, un long serpent d'eau enroulé à vos pieds : c'est un spectacle saisissant. Ensuite, lorsque vous êtes trempé jusqu'aux os, vous déclarez avec contentement que le jardin en a assez et vous allez vous sécher. Pendant ce temps votre jardin a fait « ouf », a avalé d'une gorgée vos jets d'eau sans sourciller et le voilà de nouveau sec et assoiffé comme devant.

*

La philosophie allemande soutient que ce qui existe n'est qu'une réalité brute, tandis que l'ordre moral supérieur est le « *sein-sollende* », c'est-à-dire « ce qui doit être ». Le jardinier, donc, reconnaît, surtout en juillet, l'existence de cet ordre supérieur, car il sait très bien ce qui devrait être : « Il faudrait de la pluie », dit-il à sa manière énergique.

En général, voici ce qui se passe : au moment où les rayons prétendument vivifiants du soleil produisent une chaleur supérieure à 50 degrés ; lorsque l'herbe jaunit, que les feuilles des plantes se dessèchent et que les rameaux des arbres se fanent de soif et de chaleur ; lorsque la terre se crevasse, se cuit comme une brique ou tombe en une poussière brûlante ; à ce moment-là :

1 – La lance d'arrosage crève, de sorte que le jardinier ne peut plus arroser ;

2 – Il arrive une avarie au château d'eau et il ne coule pas une goutte, ce qui fait que vous êtes, comme on dit, dans le pétrin et même dans un pétrin brûlant.

À ce moment-là, le jardinier perd sa peine à essayer d'arroser la terre de sa sueur. Imaginez-vous la quantité de sueur nécessaire pour arroser, mettons un petit gazon. Il ne sert de rien non plus de récriminer, de jurer, de blasphémer, ni de cracher d'un air dégoûté, même si on crache dans le jardin (la moindre goutte d'humidité est utile). À ce moment-là donc, le jardinier se retourne vers cet ordre supérieur et commence à dire sur un ton fataliste :

« Il devrait bien pleuvoir.

– Où passez-vous vos vacances cette année ?

– Aucune importance ; mais il nous faudrait de la pluie.

– Et que pensez-vous de la démission d'Englis[1] ?

– Je dis qu'il devrait bien pleuvoir.

Ah, monsieur, quand on pense à une belle pluie de novembre ; pendant quatre, cinq, six jours, les fils de pluie froide murmurent en frappant le sol ; il fait un temps gris et

1. Célèbre ministre des Finances de Tchécoslovaquie. (*N. d. T.*).

brumeux; l'eau coule dans les souliers, les pieds barbotent dans l'eau et la pluie vous pénètre jusqu'aux os.

Je dis bien, il faudrait de la pluie. »

Les roses et les phlox, l'helenium et le coreopsis, les glaïeuls, les campanules et l'aconit… Dieu merci, il y a assez de plantes qui fleurissent malgré les mauvaises conditions présentes. Il y a toujours quelque chose qui fleurit et quelque chose qui se fane. On a toujours des tiges flétries à couper, en marmonnant (à la fleur et non pas à soi-même) : « Toi aussi tu as fait ton temps. »

Voyez-vous, les fleurs sont un peu comme les femmes ; lorsqu'elles sont belles et fraîches, on y laisserait ses yeux, on ne se rassasie jamais de leur beauté, il y a toujours quelque chose qui échappe, mon Dieu, car toute beauté est en quelque sorte impossible à embrasser ; mais dès qu'elles commencent à se flétrir, je ne sais pas, mais on dirait qu'elles se mettent à se négliger (je parle des fleurs) et si je voulais être méchant, je dirais qu'elles ont fort mauvaise façon. Quel dommage, ma charmante beauté (c'est des fleurs que je parle), quel dommage que le temps coule ; la beauté passe ; seul, le jardinier demeure.

Pour le jardinier, l'automne commence en mars – lorsque se fane le premier perce-neige.

Chapitre botanique

Comme chacun sait, on distingue la flore glaciaire et la flore des steppes, les flores arctique, pontique, méditerranéenne, subtropicale, marécageuse et toutes sortes d'autres, soit d'après leur origine, soit d'après le lieu où elles se trouvent et où elles croissent.

Eh bien, si vous portez le moindre intérêt à la végétation, vous verrez qu'il existe une flore particulière dans les cafés et une autre dans les charcuteries ; que certaines espèces données viennent mieux dans les gares, et d'autres chez les gardes-barrières. Peut-être serait-il possible, à l'aide d'une étude comparative de ce genre, de démontrer que sur les fenêtres des catholiques on trouve une flore différente de celle qui prospère sur les fenêtres des mécréants et des libres-penseurs, tandis que dans les parfumeries ne poussent que des fleurs artificielles, etc. Mais, étant donné que la topographie botanique est une science encore dans l'enfance, comme on dit, tenons-nous en à quelques groupes botaniques bien déterminés et caractéristiques.

1 – *La flore des gares* se divise en deux sous-groupes : celle des quais et celle du jardin du chef de gare. Sur les quais on trouve surtout, soit dans des paniers suspendus, soit aussi quelquefois contre les grilles ou sur les fenêtres du bâtiment, des lobélies, des pélargoniums, des pétunias et des bégonias. La flore des gares se caractérise par une floraison extraordinairement abondante et colorée. Le jardin du chef de gare est moins caractéristique, au point de vue botanique : il y pousse des roses, des myosotis, des pensées, des lobélies et d'autres espèces fort peu différentes, du point de vue sociologique.

2 – *La flore de chemin de fer* est celle qui se trouve dans les jardins des gardes-barrières. Elle se compose surtout de mauves et de tournesols, et aussi de capucines,

d'églantines, de dahlias, et encore, parfois, de reines-marguerites ; comme on le voit, ce sont, en majorité, des plantes qui se dressent au-dessus des palissades, peut-être pour réjouir la vue des mécaniciens qui passent.

La flore sauvage de chemin de fer est celle qui pousse sur les remblais ; elle comprend en particulier les cierges de Notre-Dame, le serpolet et quelques autres espèces.

3 – *La flore des boucheries* prospère dans les étalages des bouchers, au milieu des filets découpés, des gigots, des agneaux et des saucissons. Elle comprend un petit nombre d'espèces comme l'aucuba, l'asparagus sprengeri et parmi les cactus, le cierge et l'échinopsis ; chez les charcutiers il y a, dans des pots, des araucaries et même quelquefois des primevères.

4 – *La flore des restaurants* comprend deux lauriers-roses devant la porte, et, sur les fenêtres, des fougères : les restaurants qui sont spécialisés dans ce qu'on est convenu d'appeler la cuisine de famille ont aussi sur leurs fenêtres des cinéraires. Dans les grands restaurants on trouve même des dracaenas, des philodendrons, des bégonias à grandes

feuilles, des lataniers, des figuiers et, d'une manière générale, toute cette végétation que les comptes rendus de bals qualifiaient naguère d'une façon parfaite en disant que « l'estrade était noyée dans l'exubérante verdure d'une végétation tropicale ». Dans les cafés, seules viennent les fougères ; par contre, sur les terrasses, on trouve force lobélies, pétunias, tradescantia et parfois même des lauriers et du lierre.

Si je ne me trompe, il n'y a aucune végétation chez les boulangers et les armuriers, ni dans les magasins où se vendent les automobiles et les machines agricoles, pas plus que chez les quincailliers, les marchands de fourrures, les papetiers, les chapeliers et un grand nombre d'autres négociants. Les fenêtres officielles ou bien n'ont rien du tout ou bien n'ont que des pélargoniums blancs ou rouges ; d'une façon générale, la végétation officielle dépend de la volonté ou du bon vouloir du garçon de bureau ou bien du directeur en chef. En outre, ici, c'est une sorte de tradition qui fait loi. Tandis que dans le domaine des chemins de fer abonde une végétation bigarrée, il n'y a absolument rien dans les postes et télégraphes. Les bureaux des particuliers sont, du point de vue de la végétation, plus fertiles que les bureaux de l'État, parmi lesquels les bureaux des percepteurs, en particulier, constituent un parfait désert.

La flore des cimetières forme, évidemment, une classe botanique à part, ainsi que la flore des cérémonies qui entoure le buste de plâtre du grand homme que l'on célèbre ; à cette dernière appartiennent le laurier-rose, le palmier, le laurier, ou, en mettant les choses au pis, la fougère.

Pour ce qui est de la flore des fenêtres, il en existe deux sortes : la pauvre et la riche. Celle des pauvres est ordinairement meilleure ; en outre, chez les riches, il est de règle qu'elle périsse toujours pendant qu'ils sont en villégiature.

Ce chapitre ne prétend évidemment pas épuiser la multitude des divers endroits où l'on peut trouver des plantes. Je serais heureux de constater un jour quelle sorte de gens cultive les fuchsias, à quelles professions appartiennent les amateurs de cactus, etc. Il est possible que se crée une flore spéciale pour le parti communiste et une autre pour le parti populiste. Grande est la richesse du monde : chaque corporation, que dis-je ? chaque parti politique pourrait avoir sa flore particulière.

Août

Le vrai jardinier, lui,
sent de tout son être
que le mois d'août,
c'est le début d'un
changement

Le mois d'août est d'habitude le moment où le jardinier abandonne son jardin pour aller en villégiature. Pendant toute l'année, il est vrai, il a proclamé énergiquement que, cette fois, il n'ira nulle part, qu'un jardin comme le sien vaut mieux que toutes les villégiatures et que lui, jardinier, n'est pas assez fou pour se traîner dans les wagons et aller au diable vauvert. Néanmoins, quand arrive l'été, il fuit la ville lui aussi, soit que se soit éveillé en lui l'instinct migrateur, soit à cause des voisins, pour ne pas faire jaser. Il est vrai qu'il part le cœur gros, rempli de craintes et de soucis à l'endroit de son jardin ; et il ne part qu'après avoir trouvé quelque parent ou ami à qui il confie son jardin pour cette période.

« Voyez, dit-il, aussi bien, il n'y a rien à faire dans le jardin, maintenant ; il vous suffit d'y venir faire un tour tous les deux ou trois jours et si, par hasard, quelque chose n'allait pas, vous n'auriez qu'à m'envoyer une carte et je viendrais aussitôt. Donc, je me repose sur vous. Comme je vous dis, vous n'avez besoin que de cinq minutes, le temps de jeter un coup d'œil. »

Puis il s'en va, après avoir ainsi confié son jardin à cet ami complaisant. Celui-ci reçoit le lendemain une lettre. « J'ai oublié de vous dire qu'il faut arroser le jardin tous les jours, de préférence à cinq heures du matin ou vers sept heures du soir. Ce n'est rien du tout : vous n'avez qu'à visser la lance d'arrosage à la prise d'eau et à arroser pendant une heure. Ah, pour les conifères, il faut les arroser tout entiers et très abondamment, de même que la pelouse. Si vous voyez quelque mauvaise herbe, il faut l'arracher. C'est tout. »

Le jour suivant: « Il fait une sécheresse terrible. Je vous en prie, donnez à chaque rhododendron environ deux arrosoirs d'eau croupie, et à chaque conifère cinq arrosoirs, et aux autres plantes, environ quatre arrosoirs chacune. Les plantes qui poussent en ce moment ont besoin d'une grande quantité d'eau... écrivez-moi pour me dire quelles sont celles qui sont en fleurs. Les tiges fanées doivent être coupées. Il serait bon que vous piochiez un peu toutes les plates-bandes: la terre respire mieux. S'il y a des pucerons sur les rosiers, achetez de l'extrait de tabac et arrosez-en les rosiers après la pluie ou à la rosée. C'est tout ce qu'il y a à faire pour le moment. »

Le troisième jour: « J'ai oublié de vous dire qu'il faut faucher le gazon; vous ferez ça en vous amusant, avec la machine; ce que la machine laissera, vous le couperez avec des ciseaux. Mais attention; après avoir coupé l'herbe, il faut bien la râteler et ensuite balayer avec un balai. Sinon la pelouse prend la pelade. Et arroser, arroser en abondance. »

Le quatrième jour : « S'il arrive un orage, courez, je vous prie, jeter un coup d'œil à mon jardin ; une averse violente fait quelquefois des dégâts et il est bon d'être aussitôt sur place. S'il apparaît des moisissures sur les rosiers, saupoudrez-les, le matin, à la rosée, avec de la fleur de soufre. Attachez les plantes à hautes tiges aux tuteurs, pour que le vent ne les casse pas. Ici, il fait un temps splendide, il y a beaucoup de champignons et il fait bon se baigner. N'oubliez pas d'arroser tous les jours la vigne vierge qui est contre le mur de la maison, car il y fait sec. Mettez-moi de côté dans un sachet des graines de pavot d'Islande. J'espère que vous avez fini de faucher les pelouses. Il n'y a pas autre chose à faire, sinon de détruire les perce-oreille. »

Le cinquième jour: « Je vous envoie une petite caisse contenant des fleurs que j'ai déterrées ici, dans les bois. Il y en a de toutes les espèces. Dès que vous recevrez la caisse, ouvrez-la, humectez un peu les plants et plantez-les quelque part à l'ombre dans mon jardin. Donnez-leur de la tourbe et du fumier. Plantez immédiatement et arroser trois fois par jour. »

Le sixième jour: « Je vous envoie par exprès un panier de fleurs de la campagne... Plantez tout de suite... Vous devriez aller dans le jardin pendant la nuit pour détruire les escargots. Il ne serait pas mauvais de sarcler les allées. J'espère que la surveillance que vous exercez sur mon jardin ne vous prend pas trop de temps et que vous y passez d'agréables moments. »

Pendant ce temps, l'ami complaisant, conscient de sa responsabilité, arrose, fauche, pioche, sarcle et court à travers le jardin, les plants à la main, cherchant une place pour les loger ; il est couvert de sueur et arrosé d'eau de la tête aux pieds ; il s'aperçoit avec effroi qu'ici une plante est en train de jaunir et que là, quelques tiges se sont rompues tandis que le gazon se flétrit par places et que le jardin tout entier est, en quelque sorte, brûlé. Et il maudit le moment où il a assumé ce fardeau et prie Dieu que l'automne arrive vite.

Et pendant ce temps, le propriétaire du jardin pense avec inquiétude à ses fleurs et à ses pelouses, il dort mal, il enrage que l'ami complaisant ne lui écrive pas un rapport quotidien sur l'état du jardin. Il compte les jours qui le séparent de son retour, envoyant tous les deux jours une caisse de fleurs de la campagne et une lettre contenant une douzaine d'ordres impératifs. Enfin, il rentre et, la valise encore à la main, il se précipite dans son jardin et regarde autour de lui, les yeux humides…

« Le fainéant, le maladroit, le dégoûtant, se dit-il avec amertume. Ah, il m'a arrangé mon jardin, celui-là ! »

« Je vous remercie », dit-il sèchement à l'ami complaisant et, tel un reproche vivant, il s'empare de la lance pour arroser son jardin négligé. (Comment ai-je pu, pense-t-il en lui-même, confier mon jardin à cet imbécile ? De ma vie, je ne commettrai plus la sottise de partir en villégiature.)

Les fleurs de la campagne, ce n'est rien ; le jardinier fanatique s'arrange toujours pour les déterrer, afin de les incorporer à son jardin. Il n'en va pas de même d'autres objets naturels. « Bon Dieu, se dit le jardinier à la vue du Matterhorn ou de la Gerlachovka, si seulement j'avais cette montagne dans mon jardin et ce morceau de forêt avec ces arbres géants et cette clairière et ce torrent ou plutôt ce lac ! Et voilà une prairie qui ferait à merveille dans mon jardin, ainsi qu'un morceau de rivage maritime ; quelque ruine d'un cloître gothique m'irait aussi assez bien. Et je voudrais avoir ce tilleul millénaire que voilà ; cette fontaine antique ressortirait dans mon jardin de façon tout à fait jolie. Et pourquoi n'aurais-je pas un troupeau de cerfs ou quelque chamois ou du moins cette allée de vénérables peupliers, et ce rocher, et cette rivière et ce boqueteau de chênes, ou cette cascade blanche et bleue, ou à la rigueur cette vallée verdoyante et tranquille... »

S'il était possible de faire un pacte avec le diable qui satisferait tous les désirs du jardinier, celui-ci lui vendrait son âme ; mais ce pauvre diable, ma foi, payerait cette âme-là bien chèrement : « Plutôt que de m'échiner ainsi, finirait-il pas dire, j'aime mieux te laisser aller au ciel... aussi bien tu ne peux pas aller ailleurs. » Et, irrité, il fouetterait l'air de sa queue, frappant les fleurs de pyrèthre et il s'en irait de son côté, abandonnant le jardinier avec ses exigences démesurées et inépuisables.

*

Août

*

Sachez que je parle du jardinier de jardin et non pas des amateurs de vergers ou de potagers. Que les premiers se réjouissent de leurs pommes et de leurs poires, que les seconds se félicitent des dimensions surnaturelles de leurs cardons, de leurs potirons et de leurs céleris. Le vrai jardinier, lui, sent de tout son être que le mois d'août, c'est le début d'un changement. Tout ce qui pousse va se faner sans tarder : ce sera bientôt l'époque des asters d'automne et des chrysanthèmes, puis ce sera la fin. Mais, toi, phlox aux couleurs brillantes, et vous, rudbéckie, harpalium, tournesol, vous et moi, n'abandonnons pas encore la partie, allons donc ; le printemps dure toute l'année, et la jeunesse, toute la vie ; il y a toujours quelque chose pour pousser. Quand on dit que c'est l'automne, c'est une façon de parler ; nous autres, à ce moment-là, nous créons une fleur d'une autre sorte, nous croissons sous terre, nous préparons de nouvelles pousses, et il y a toujours de quoi faire. Seuls ceux qui gardent leurs mains dans leurs poches disent que nous allons vers le pire ; mais tout ce qui fleurit et tout ce qui porte un fruit, fût-ce en novembre, ne sait pas ce que c'est que l'automne ; tout cela ne connaît que l'été doré ; inconnue, la décadence ; seul est connu le bourgeonnement. L'année est si longue qu'elle n'a pas de fin.

Les amateurs de cactus

Si je les appelle sectaires, ce n'est pas parce qu'ils cultivent les cactus avec grand amour : cet état de fait peut être qualifié de passion, d'originalité ou de manie. L'essence du sectarisme, ce n'est pas de faire quelque chose avec passion, mais c'est de croire en quelque chose avec passion, Il y a des amateurs de cactus qui croient à la poussière de marbre, tandis que d'autres croient à la brique pilée et d'autres encore au charbon de bois : il y a d'autres secrets plus profonds de la « Vraie Terre à Cactus » qu'aucun initié ne vous révélera jamais, dût-il être roué. Toutes ces sectes, ces observances, ces rites, ces écoles, ces loges, ainsi que les amateurs sauvages ou cénobitiques, vous jureront que ce n'est qu'à leur méthode personnelle qu'ils doivent des résultats aussi miraculeux que ceux qu'ils ont obtenus. « Regardez un peu cet échinocactus myriostigma. Avez-vous jamais vu chez personne autre un échinocactus myriostigma pareil ? Allons, je vais vous le dire, à la condition que vous me gardiez le secret : il ne faut pas l'arroser, il faut l'humecter seulement. Voilà. – Comment, s'écrie un autre affilié, qui a jamais entendu dire qu'il faille humecter l'échinocactus myriostigma ? Vous voulez donc que son sommet se refroidisse ? Oh, oh, monsieur, si vous ne voulez pas que votre échinocactus tombe en pourriture, vous ne devez l'humecter qu'une fois par semaine, et cela en le posant avec son pot dans une eau à la température de 23°, 789. Et alors, il poussera d'une façon miraculeuse. – Jésus, mon Dieu, s'écrie alors un troisième, regardez-moi cet assassin. Si vous mouillez votre pot, monsieur, il se couvrira d'algues vertes, la terre s'aigrira et vous serez dans le pétrin, oui, dans le pétrin ; en outre les racines de votre échinocactus myriostigma se mettront à pourrir. Si vous ne voulez pas que votre terre s'aigrisse, il faut que vous l'arrosiez tous les deux jours avec de l'eau stérilisée, dans la proportion de 0 gr. 11111 d'eau par centimètre cube de terre et cette eau doit être d'un demi-degré plus chaude que l'air ambiant. »

Après quoi les trois amateurs de cactus se mettent à crier tous ensemble et à s'attaquer les uns les autres avec les poings, les dents, les sabots et les griffes ; mais de la façon dont vont les choses ici-bas, ces moyens énergiques ne sont pas plus aptes que les autres à révéler la vérité vraie.

*

Il est vrai que les cactus méritent cette extraordinaire passion, et d'abord parce qu'ils sont mystérieux. La rose est belle, mais elle n'est pas mystérieuse. Les plantes mystérieuses comprennent, en particulier, le lis, la bruyère dorée, l'Arbre de la Connaissance, les vieux arbres d'une manière générale, certains champignons, la mandragore, les plantes glaciaires, les herbes empoisonnées

Le jardinier n'est connu
dans l'histoire
ni par de grands crimes,
ni par de hauts faits
politiques ou militaires

et les plantes médicinales, les nénuphars blancs, le mesembrianthema et les cactus. En quoi consiste leur caractère mystérieux, je ne vous le dirai pas ; il faut reconnaître le mystère pour pouvoir le trouver et le vénérer.

Et puis, il y a des cactus qui ressemblent à des oursins, à des concombres, à des courges, à des candélabres, à des pots, à des barrettes de curé, à des nids de serpents ; il y en a qui sont couverts d'écailles, de tétines, de touffes de poils, de griffes, de verrues, de baïonnettes, de yatagans et d'étoiles ; il y en a qui sont trapus et d'autres, étirés ; les uns sont hérissés comme un régiment de lanciers, les autres, tranchants comme une troupe qui brandit le sabre ; vous en voyez qui sont gonflés, ligneux, ridés, barbus, bourrus, épineux comme des abatis d'arbres, tressés comme des paniers, semblables à des tumeurs, des animaux ou des armes : c'est la plus mâle de toutes ces plantes, portant des graines chacune selon son espèce, qui furent créées le troisième jour (« Qu'ai-je fait là ? » dit ensuite le Créateur, étonné lui-même de ce qu'il avait créé). Vous pouvez les aimer sans pour cela les toucher d'une façon inconvenante, les embrasser ou les serrer contre vous : ils ne tiennent pas à l'intimité ou autres frivolités de ce genre ; ils sont durs comme pierres, armés jusqu'aux dents, résolus à ne pas se rendre : « Passe ton chemin, face pâle, ou je fais feu. » Une petite collection de cactus prend tout de suite l'air d'un camp de lutins belliqueux. Si vous coupez la tête ou la main à quelqu'un de ces guerriers, il naîtra de la plaie un nouveau combattant brandissant épée et dague. La vie est un combat.

Mais il y a des instants mystérieux où ce rebelle susceptible et rétif s'oublie en quelque sorte et s'endort ; il laisse pousser alors une fleur, une fleur grande et brillante, une fleur qui a l'air d'un prêtre entre ces armes levées à bout de bras. C'est là une grande grâce et un événement rare qui ne se produit pas pour n'importe qui. Croyez-moi, la fierté maternelle n'est rien devant l'orgueil et la vantardise d'un amateur qui a vu un de ses cactus fleurir.

Septembre

Il n'y a plus
moyen de le nier :
c'est l'automne

À sa manière, – du point de vue du jardinier – septembre est un mois béni et excellent ; non seulement parce que c'est le mois des asters d'automne et des chrysanthèmes d'Inde, non seulement à cause de vous, dahlias lourds et écrasants : sachez, gens incrédules, que septembre est le mois d'élection de tout ce qui fleurit pour la seconde fois, c'est le mois de la seconde floraison, le mois du cep mûrissant. Tout cela, ce sont les privilèges mystérieux du mois de septembre, pleins d'une signification profonde. Par-dessus tout cela, septembre est le mois où la terre s'ouvre de nouveau, de sorte que nous pouvons de nouveau planter. Il faut maintenant mettre en terre tout ce qui doit être planté pour le printemps, ce qui nous fournit à nous, jardiniers, l'occasion de courir chez les marchands, pour regarder leurs cultures et choisir des trésors pour le printemps prochain, et à moi de m'arrêter dans ma ronde autour de l'année auprès de ces spécialistes afin de leur payer mon tribut.

Le jardinier en gros
est d'ordinaire un homme
qui ne boit pas
et qui ne fume pas,
bref, un homme vertueux

Le jardinier en gros est d'ordinaire un homme qui ne boit pas et qui ne fume pas, bref, un homme vertueux; il n'est connu dans l'histoire ni par de grands crimes, ni par de hauts faits politiques ou militaires; il a coutume d'éterniser son nom par la création d'une nouvelle espèce de rose, de dahlia ou encore de pomme; cette gloire – anonyme le plus souvent ou attribuée à un autre nom – lui suffit. Par un étrange caprice de la nature c'est, d'habitude, un homme corpulent et fort, peut-être afin de créer un contraste bienvenu avec le frêle et joli filigrane des fleurs; ou bien c'est que la nature l'a créé à l'image de Cybèle, pour figurer d'une façon sensible sa généreuse paternité. En effet, lorsqu'il enfonce le doigt dans ses pots de fleurs, c'est presque comme s'il donnait le sein à des nourrissons. Il méprise les dessinateurs de jardins qui de leur côté le traitent de « jardinier de trognons de choux ». Sachez qu'il ne considère pas le jardinage comme un commerce, mais comme un art et une science; quand il dit d'un concurrent qu'il est bon commerçant, l'autre en est écrasé. On ne va pas chez lui comme on va chez un chemisier ou un quincaillier pour dire ce qu'on veut, payer et s'en aller. On va chez lui pour parler, lui demander le nom de ceci et de cela et lui dire que l'hutchinsia qu'on lui a achetée l'année précédente se porte à merveille, se plaindre de ce que les mertensies ont beaucoup souffert cette année et le supplier de montrer ce qu'il a de nouveau. Il faut d'abord discuter avec lui la question de savoir lequel vaut mieux du « Rudolf Gœthe » ou du « Emma Bedau » (ce sont des asters) et s'il convient de donner à la gentiana clusii de la glaise ou de la tourbe.

Après tous ces propos et bien d'autres, on choisit un nouvel alyssum (« Bon Dieu, où vais-je le mettre ? ») et un petit pot sur le contenu duquel on ne peut se mettre d'accord avec le propriétaire, et, ayant passé ainsi quelques heures dans une société instructive, on paye à cet homme qui n'est pas un commerçant cinq à six couronnes, et c'est tout. Et pourtant un vrai jardinier en gros aime mieux avoir affaire à vous, tourmenteur, qu'à tous ces grands messieurs qui arrivent en auto, puant l'essence, et qui lui commandent une soixantaine de plantes « des meilleures et de première qualité, n'est-ce pas ? »

Chacun de ces jardiniers se vante que la terre de son jardin est très mauvaise, qu'il ne la fume ni ne l'arrose ni ne la recouvre pour l'hiver : il veut évidemment faire entendre par là que les fleurs ne poussent aussi bien que par inclination pour lui. Et il y a là quelque chose de vrai : dans le jardinage il faut avoir de la chance ou une espèce de grâce supérieure. Un vrai jardinier peut piquer en terre un morceau de feuille et il en sortira une fleur. Tandis que nous, profanes, nous nous éreintons avec les semis, nous arrosons les plantes, nous soufflons sur elles, nous les gavons avec de la farine de nourrissons et, à la fin des fins, elles se fanent et périssent. Je pense qu'il y a là dedans des sortes d'incantations, de même que dans la chasse et la médecine.

Créer une variété nouvelle,
voilà le rêve secret
de tout jardinier
passionné

Créer une variété nouvelle, voilà le rêve secret de tout jardinier passionné. Mon cher, si je pouvais faire venir un myosotis jaune ou un pavot d'un bleu de myosotis… Que dites-vous ? que le pavot rouge est beaucoup plus joli ? Ça n'a pas d'importance, mais on n'a pas encore vu de pavot bleu de myosotis. Et puis, savez-vous, on est un peu chauvin, même en matière de fleurs ; si une rose tchèque l'emportait dans le monde entier sur une « Independence Day » américaine ou sur une « Madame Herriot » française, nous nous gonflerions d'orgueil et éclaterions d'allégresse.

Je vais vous donner un conseil d'ami : si vous avez dans votre jardin un coin de talus ou une terrasse, fabriquez-vous un rocher. D'abord un rocher, c'est très joli, lorsqu'il est recouvert de tapis de saxifrages et d'autres fleurs alpestres éclatantes de beauté ; en second lieu, la construction du rocher, en elle-même, est une œuvre remarquable et attachante. Un homme qui construit un rocher s'imagine être un Cyclope qui, avec la force d'un phénomène naturel, entasse blocs sur blocs, créant sommets et vallées, transporte les montagnes et dresse des pics rocheux.

Lorsque enfin, courbé en deux, il a fini son œuvre gigantesque, il s'aperçoit que cela ressemble à tout autre chose qu'à la romantique chaîne de montagnes qu'il s'était représentée ; que sa création rappelle plutôt un tas de détritus et de cailloux. Ne vous en faites pas : dans un an ce tas de cailloux deviendra la plus belle des plates-bandes, tout étincelant qu'il sera de menues fleurs et couvert des plus jolis tapis. Et votre joie sera grande. Écoutez-moi : construisez-vous un rocher.

*

Il n'y a plus moyen de le nier : c'est l'automne. Vous le reconnaîtrez à ce fait que fleurissent les asters et les chrysanthèmes d'automne – toutes ces plantes fleurissent avec une vigueur et une abondance extraordinaires ; elles ne font pas beaucoup de façons ; une fleur n'est qu'une fleur – mais en revanche, il y en a. Croyez-moi, cet épanouissement de l'âge mûr est plus puissant et plus passionné que toutes les afféteries inquiètes et fugitives du printemps nouveau-né. Il y a en lui la raison et la logique de l'homme mûr : puisqu'il faut croître, croissons sérieusement et ayons beaucoup de miel pour que viennent les abeilles. Est-ce que cela compte, une feuille qui tombe sur cette riche floraison d'automne ? ne voyez-vous donc pas que la fatigue n'existe pas ?

Il faut donner
à la terre
plus
qu'on ne lui prend

La terre

Quand ma pauvre mère se tirait les cartes, elle chuchotait toujours en touchant un des petits paquets : « Sur quoi je marche. » À cette époque, je ne pouvais comprendre pourquoi elle s'intéressait tant à ce sur quoi elle marchait. Ce n'est que de longues années après que je commençai moi aussi à m'y intéresser ; c'est que je découvris alors que je marchais sur la terre.

C'est un fait qu'on ne se soucie pas de savoir sur quoi on marche : on se précipite comme un fou et on s'occupe surtout des beaux nuages qui sont là-haut et du bel horizon ou des belles montagnes qui sont là-bas ; mais on ne regarde pas à ses pieds pour se dire que la terre sur laquelle on marche est belle. Il faudrait que vous ayez un jardin grand comme la main ou du moins une simple petite plate-bande, pour que vous vous rendiez compte de ce sur quoi vous marchez. Et alors, mon garçon, vous verriez que les nuages ne sont ni si divers ni si beaux ni si terribles que la terre qui est sous vos pieds. Vous verriez qu'il y a de la terre acide, gluante, argileuse, froide, pierreuse, et sale ; vous distingueriez la terre levée comme du pain d'épices et la terre chaude, légère et bonne comme du pain – et de cette dernière vous diriez qu'elle est belle comme vous le dites des femmes ou des nuages. Vous ressentiriez un plaisir étrange et sensuel à enfoncer d'un coude votre canne dans une terre meuble ou à triturer dans la main une poignée d'humus pour en goûter la chaleur légère et tiède.

Et, si vous n'avez pas le sentiment de cette beauté particulière, puisse le destin vous assigner, en manière de châtiment, quelques pieds carrés d'argile, d'une argile semblable au plomb, d'une argile crue et authentique qui sent le froid, qui s'étire sous la bêche comme du chewing-gum, qui rôtit au soleil et qui aigrit à l'ombre, d'une argile méchante, insoumise et pâteuse, gluante comme un serpent et sèche comme une brique, hermétique comme le fer-blanc et lourde comme le plomb. Et maintenant, frappez avec le pic, coupez avec la bêche, cassez avec le marteau, bouleversez tout et travaillez en jurant et en vous lamentant à haute voix. Vous comprendrez alors ce que c'est que l'inimitié et l'obstination d'une matière morte et stérile qui s'est toujours refusée et se refuse encore à devenir une terre de vie; et vous prendrez conscience de l'effroyable lutte que la vie a dû mener pied à pied pour s'implanter sur la terre, que cette vie s'appelle la plante ou l'homme.

Et ensuite vous vous apercevrez qu'il faut donner à la terre plus qu'on ne lui prend: il faut la corroder, la bourrer de chaux et la réchauffer avec du fumier tout frais, la saupoudrer de cendres légères et l'abreuver d'air et de soleil. Et alors l'argile agglomérée commence à s'émietter, comme si peu à peu elle commençait à respirer; elle cède sous la bêche avec mollesse et une visible

Allons, jardinier, sors de chez toi et plante

complaisance ; dans la main elle est chaude et soumise : la voilà domptée. Croyez-moi, dompter quelques pieds carrés de terre, c'est une grande victoire. La voilà maintenant sous vos yeux, meuble, légère et tiède ; on la voudrait tout entière émietter et broyer dans la main pour être sûr de sa victoire. On ne pense même plus à ce qu'on y sèmera. Le spectacle de cette terre sombre et légère n'est-il pas assez beau ? N'est-il pas plus beau que n'importe quelle plate-bande remplie de pensées ou que n'importe quelle table de carottes ? On a presque de la jalousie pour la végétation qui va prendre possession de ce noble fruit de l'industrie humaine, l'humus.

Et à partir de ce moment, vous n'irez plus sur la terre sans savoir sur quoi vous marchez. Vous goûterez de la main et de la canne tous les tas de terre et tous les coins de champ, tout comme un autre regarde les étoiles, les gens ou les violettes ; vous serez transporté d'enthousiasme devant un humus bien noir, vous triturerez avec amour le mol humus de feuilles qui tapisse les forêts, vous soupèserez la lourde terre à gazon ainsi que la tourbe légère. « Mon Dieu, direz-vous plus d'une fois, cette terre-là, j'en voudrais avoir un wagon ; et, tonnerre, un beau tas de cet humus de feuilles ferait bien mon affaire ; et cette terre-là, je la répandrais à la surface. Et ces quelques bouses de vache et un peu de ce sable de rivière et quelques rondelles de ces champignons d'arbre et un peu de cette vase de ruisseau et ces balayures du chemin, tout cela ne serait pas mauvais non plus, hein ? et encore un peu de phosphate et de sciure de cornes ; cette terre labourée m'irait fort bien aussi, Dieu du ciel ! » Il y a des terres grasses comme du lard, légères comme du duvet, levées comme un gâteau, jaunes et noires, sèches et imprégnées d'humidité, qui sont toutes d'excellentes variétés de beauté, quoique très diverses : mais tout cela est laid et infâme qui est gluant, aggloméré, mouillé, dur, froid, stérile et donné à l'homme pour qu'il maudisse la matière non rachetée, et tout cela est aussi laid que la froideur, l'opiniâtreté et la méchanceté des âmes humaines.

Octobre

On dit que « la nature
se prépare au sommeil » ;
le jardinier, lui,
est mieux renseigné, et
il vous dira qu'octobre
est un mois aussi
bon qu'avril

On dit « Octobre »; on dit que « la nature se prépare au sommeil »; le jardinier, lui, est mieux renseigné, et il vous dira qu'octobre est un mois aussi bon qu'avril. Pour tout vous dire, octobre est le premier mois du printemps, le mois de la germination et du bourgeonnement souterrains, de l'éclosion cachée, des bourgeons qui se gonflent. Creusez un peu, très peu, le sol, et vous trouverez une foule de germes formés, gros comme le pouce, et de frêles bourgeons... on a beau dire, c'est le printemps qui est là. Allons, jardinier, sors de chez toi et plante (mais attention de ne pas couper avec ta bêche un oignon de narcisse en végétation).

Ainsi donc, entre tous les mois, octobre est le mois des plantations et des repiquages. Au printemps, le jardinier est près d'une plate-bande où quelques pointes sortent çà et là et il se dit, d'un air absorbé : « Ici c'est un peu nu et vide, il faudra que j'y plante quelque chose. » Un mois après, il se trouve de nouveau devant la plate-bande, dans laquelle ont poussé de grandes tiges de pieds-d'alouette, une jungle de fleurs, une forêt vierge de campanules et le diable sait de quoi encore et il se dit, d'un air absorbé : « Ici c'est peu trop fourni et touffu, il va falloir que je déterre quelques plantes pour les disperser. » En octobre, le jardinier est près de la même plate-bande, d'où sort çà et là quelque feuille sèche ou quelque tige fanée et il se dit, d'un air absorbé : « Ici c'est un peu nu et vide, je vais y planter une demi-douzaine de phlox ou quelque aster de la grande espèce. » Et il y va et fait ainsi. La vie du jardinier est pleine de changements et de volonté créatrice.

La vie du jardinier est pleine de changements et de volonté créatrice

En octobre, le jardinier, grondant avec un contentement caché, trouve dans son jardin des places vides. « Bigre, se dit-il, quelque plante a dû périr ici; voyons, il faut que je plante quelque chose à la place, par exemple une verge d'or – je n'en ai pas encore – mais c'est une astilbe qui irait le mieux; il est vrai que pour l'automne un pyrethrum uliginosum ferait très bien, mais pour le printemps quelque plante alpestre ne ferait pas mal; halte, j'y mettrai une monarda, soit une Sunset soit une Cambridge Scarlet; mais une hémérocalle irait tout aussi bien. » Ensuite, plongé dans une profonde méditation, il rentre chez lui, se disant, en chemin, que le coreopsis est aussi une bonne plante et que la bétoine mérite de n'être pas négligée. Puis il fait aussitôt une commande de verges d'or, d'astilbes, de pyrethrum uliginosum, de plantes alpestres, d'hémérocalles, de coréopsis, de bétoines et il y ajoute encore la bourrache et la sauge. Puis il enrage pendant quelques jours de ce que ses fleurs n'arrivent pas. Le facteur lui apporte enfin un grand panier, avec lequel il se précipite vers la place vide, emportant sa bêche. Au premier coup de bêche qu'il donne, il extirpe un grumeau de radicelles au-dessus desquelles se trouve toute une touffe épaisse de gros bourgeons ! « Mon Dieu, halète le jardinier, c'est là que j'avais planté mon trolle. »

Oui, il y a des maniaques qui veulent avoir dans leur jardin tout ce qui appartient aux soixante-huit familles de plantes dicotylédones, aux quinze familles monocotylédones, aux deux familles gymnospermes, et parmi les cryptogames au moins toutes les fougères, car les lichens et les mousses sont d'une culture difficile. Par contre il y a des maniaques plus maniaques encore, qui consacrent leur vie à une seule espèce, et qui veulent absolument posséder toutes celles de ses variétés qui ont été cultivées et dotées d'un nom jusqu'à présent. Par exemple, il y a les amateurs d'oignons adonnés au culte des tulipes, des jacinthes, des lis, des chionodoxa, des narcisses et autres plantes à oignon ; il y a aussi les spécialistes des primulacées et des auricules, qui n'ont d'yeux que pour les primevères, les anémones et les cyclamens ; il y a les spécialistes des iris et des glaïeuls, qui mourraient de chagrin s'ils n'avaient pas tout ce qui se rattache aux groupes apogon, pogoniris, regelia, onocyclus, juno et xiphium, sans compter les hybrides ; il y a les spécialistes des delphiniums, il y a les spécialistes des roses, qui ne fréquentent que Madame Druschki, Madame Herriot, Madame Caroline Testout, Monsieur Wilhelm Kordes, Monsieur Pernet et les nombreuses personnalités qui se sont incarnées dans les roses ; il y a les phloxistes fanatiques ou philophloxes, qui, au mois d'août, lorsque fleurissent les phlox, méprisent hautement les chrysantémomanes, lesquels le leur rendent bien en octobre, au moment de la floraison du chrysanthemum indicum ; il y a les mélancoliques amateurs d'asters qui de toutes les voluptés de cette vie préfèrent les asters tardifs. Mais de tous ces fanatiques, les plus sauvages – si on met à part les amateurs de cactus – sont les spécialistes des dahlias, qui, pour avoir un nouveau dahlia américain, payent des sommes astronomiques – jusqu'à des vingt couronnes. Parmi tous ces gens-là, les spécialistes des oignons sont les seuls qui aient une certaine tradition historique et même un patron, lequel n'est autre que saint Joseph, parce que, comme on sait, il tient à la main un lilium candidum (lis blanc), bien qu'il lui soit possible aujourd'hui de se procurer un lilium brownii leucanthum qui est encore beaucoup plus blanc. Par contre aucun saint ne se présente avec un phlox ou un dahlia : la conséquence en est que les gens adonnés au culte de ces fleurs sont des sectaires et que, parfois même, ils fondent des églises particulières.

Pourquoi ces cultes-là n'auraient-ils pas aussi leur « *Vie des Saints* »? Par exemple, imaginez un peu la vie de saint Georginus de Dahlia. Georginus était un homme vertueux et pieux, qui avait obtenu, grâce à de longues prières, de faire pousser les premiers dahlias. Lorsque l'empereur païen Phloxinien l'apprit, il fut saisi de fureur et envoya ses séïdes pour s'emparer du pieux Georginus : « Vilain marchand de légumes, gronda l'empereur Phloxinien, tu vas t'incliner devant ces phlox fanés. – Non, répondit fermement Georginus, parce que les Dahlias sont les dahlias et que le phlox n'est pas autre chose que le phlox. – Coupez-le en morceaux », s'écria le cruel Phloxinien, et on coupa en morceaux saint Georginus de Dahlia, on ravagea son jardin et on y répandit du vitriol vert et du soufre. Mais des morceaux du corps de saint Georginus naquirent les bulbes de tous les futurs dahlias, pivoines et anémones, simples et composés, étoilés et lilliputiens, et de leurs hybrides.

*

Octobre

L'automne est une époque d'une extraordinaire fécondité ; en comparaison, le printemps est, si j'ose dire, une bagatelle ; l'automne aime travailler sur une grande échelle. Avez-vous jamais vu une petite violette printanière atteindre trois mètres de hauteur ou une tulipe pousser plus haut que les arbres ? Vous voyez bien. Mais par contre si vous plantez au printemps quelque aster d'automne, vous aurez en octobre une forêt de deux mètres de haut dans votre jardin et vous n'oserez pas vous y aventurer, parce que vous ne retrouveriez plus le chemin pour en sortir; ou bien vous enterrez en avril une racine d'helenium ou de tournesol, et, en octobre, des fleurs jaunes que vous ne pouvez même pas attraper en vous dressant sur la pointe des pieds vous font d'en haut des signes ironiques. Il arrive souvent au jardinier de sortir un peu de la mesure. C'est pourquoi, à l'automne, il transporte ses plantes de place en place comme une chatte ses petits. Chaque année il se dit avec contentement: « Bon, maintenant tout est planté et à sa place. L'année prochaine, je me reposerai. »

Le jardin n'est jamais fini.
En ce sens, le jardin
ressemble au monde
et à toutes les entreprises
humaines

KAREL ČAPEK

Le jardin n'est jamais fini. En ce sens, le jardin ressemble au monde et à toutes les entreprises humaines.

Les beautés de l'automne

Je pourrais parler des luxuriantes couleurs de l'automne, de ses brouillards mélancoliques, des âmes des morts et des phénomènes célestes, des derniers asters et de la rose rouge qui s'efforce encore de fleurir ; ou bien des feux follets du crépuscule, de l'odeur des cierges de cimetière, des feuilles sèches et d'autres choses de cette tonalité. Mais je voudrais bien rendre témoignage à une autre beauté de notre automne tchèque et chanter sa gloire. Je veux parler tout simplement de la betterave.

Aucune moisson de la terre ne se présente en aussi grandes quantités que la betterave. Le blé s'engrange dans des bâtiments et les pommes de terre s'amassent dans les caves ;

les betteraves, elles, se mettent en tas; elles s'accumulent au point de former des collines; une chaîne de montagnes s'élève à côté des maisons paysannes. L'une après l'autre, en une interminable procession, les voitures amènent les blanches betteraves; des hommes munis de pelles bâtissent du matin au soir des tas toujours plus énormes et les arrangent joliment en pyramides géométriques. Tous les autres fruits de la terre se dispersent en quelque sorte, en suivant des routes différentes, pour aller dans toutes les demeures habitées. La betterave roule dans une direction unique – vers la gare la plus proche ou vers la sucrerie voisine. C'est la moisson en grand; c'est le rassemblement en masses; c'est presque une revue militaire. Ce sont des brigades, des divisions, des corps d'armée, qui se présentent pour être transportés. C'est pourquoi les betteraves sont rangées dans un ordre militaire: la géométrie, voilà la beauté de la masse. Les producteurs de betteraves bâtissent leurs tas en forme de gigantesques monuments carrés; c'est quasiment de l'architecture. Un amas de pommes de terre ce n'est pas une construction, mais un tas de betteraves, ce n'est plus un amas, c'est un bâtiment. L'homme des villes n'aime guère les pays à betteraves, mais, en automne, ils acquièrent un caractère en quelque sorte monumental. Une belle pyramide de betteraves a quelque chose de saisissant. C'est un monument à la fertilité de la terre.

*

Mais laissez-moi célébrer la plus méprisée des beautés de l'automne. Je sais que vous n'avez pas de champs et que vous ne charriez pas les betteraves pour en construire de grands tas; mais avez-vous déjà fumé un jardin? Lorsqu'on vous amène un tombereau plein et qu'on verse devant vous un amas de fumier chaud et fumant, vous tournez autour, vous le soupesez des yeux et du nez et vous dites d'un air connaisseur: « Dieu me bénisse, voilà du joli fumier. »

« Joli, reprenez-vous, mais un tantinet léger. »

« Ce n'est que de la paille, pensez-vous avec mécontentement. Il n'y a pas beaucoup de vrai fumier là-dedans. »

Allez au diable, vous qui vous bouchez le nez en faisant un détour pour éviter ce tas de fumier généreux et tendre ; vous ne savez pas ce que c'est que du beau fumier.

Et lorsque les plates-bandes ont reçu ce qu'il leur faut, on a le sentiment presque mystique d'avoir fait du bien à la terre.

*

Les arbres nus ne sont pas un spectacle si désolé ; ils ressemblent un peu à des balais ou à des verges et un peu à des échafaudages préparés pour quelque construction. Mais s'il reste sur un arbre une dernière feuille qui tremble sous le vent, c'est comme un dernier drapeau qui flotte sur le champ de bataille, comme une bannière que tient la main d'un mort. Nous sommes tombés, mais nous ne nous sommes pas rendus. Nos couleurs flottent encore.

*

Seuls les hommes
se plaignent du temps ;
les chrysanthèmes
n'en font rien

Les chrysanthèmes ne se sont pas rendus non plus. Ils sont fragiles et gonflés, légèrement colorés d'une écume blanche ou rouge, transis comme une jeune fille en vêtement de bal. Que dites-vous ? Qu'il y a vraiment peu de soleil ? Qu'un brouillard gris nous étouffe ? Que des pluies brumeuses parcourent notre ciel ? Ça n'a pas d'importance. Ce qui importe, c'est de croître. Seuls les hommes se plaignent du temps ; les chrysanthèmes n'en font rien.

*

Les dieux aussi ont leurs saisons. En été, on peut être panthéïste, on peut se considérer comme un morceau de la nature ; mais en automne on ne peut se considérer que comme un homme. Même si nous ne nous signons pas le front, nous revenons tous peu à peu à la naissance de l'homme. Chaque feu domestique brûle en l'honneur des dieux lares. L'amour du foyer est un culte au même titre que la vénération de n'importe quelle divinité astrale.

Novembre

Une terre bonne comme
on dit de certains
hommes qu'ils sont bons

Je sais bien qu'il existe une foule de belles professions, comme d'écrire dans les journaux, de voter au Parlement, de siéger dans un conseil d'administration ou de signer des paperasses officielles; mais bien que tout cela soit beau et méritoire, on ne fait pas dans ces professions cette figure, on n'a pas cette posture, si monumentales, plastiques et véritablement sculpturales, qui sont celles de « l'homme à la bêche ». Monsieur, lorsque vous êtes debout dans votre plate-bande, un pied appuyé sur votre bêche et que vous vous essuyez le front en disant « Ouf », vous avez tout l'air d'une statue allégorique; il suffirait que l'on vous déterre avec vos racines et que l'on vous pose sur un socle, portant une inscription comme « le Triomphe du Travail » ou « le Maître de la Terre », ou quelque chose dans ce goût-là. Je dis cela parce que c'est justement le moment, je veux dire le moment de bêcher.

HOMO
HORT. EDULIS

Novembre

Oui, en novembre il faut retourner le sol et l'ameublir. Prendre la terre à pleines bêches, c'est une sensation aussi appétissante et gastronomique que de prendre de la nourriture à pleines louches ou à pleines cuillères. La bonne terre, comme la bonne nourriture, ne doit être ni trop grasse, ni trop lourde, ni trop froide, ni trop humide, ni trop sèche, ni trop gluante, ni trop dure, ni trop crue : elle doit être comme du pain, ou du pain d'épices, comme un gâteau, comme une pâte levée ; elle doit s'émietter mais non pas se dissoudre ; elle ne doit pas former des blocs ni des mottes, mais quand vous la retournez à pleines bêches, elle a loisir de respirer et de se répandre en petits grumeaux et en grains de gruau. Et alors ce sera une terre appétissante et comestible, cultivée et loyale, une terre profonde et tiède, perméable, aérée et tendre, bref, une terre bonne comme on dit de certains hommes qu'ils sont bons ; et dans cette vallée de larmes, il n'y a rien de meilleur, comme on le sait.

Sache, homme jardinier, que durant ces journées d'automne, on peut encore transplanter. Pour cela il faut commencer par creuser avec la bêche, autour de l'arbuste ou de l'arbre, un trou, le plus profond possible ; puis, on enfonce la bêche par dessous et on appuie sur le manche, ce qui a d'ordinaire pour résultat de casser ledit manche en deux.

Il y a des gens, les critiques en particulier, et aussi les orateurs publics, qui aiment bien parler de racines ; ils proclament, par exemple, que nous devons retourner à nos racines, ou que tel ou tel mal doit être déraciné complètement, ou bien qu'il nous faut pénétrer jusqu'aux racines de quelque problème. Eh bien, je serais heureux de les voir, s'il leur fallait déraciner, disons un cognassier de trois ans. Je voudrais voir monsieur Arne Novak pénétrer jusque dans les racines d'un arbuste même tout petit, un ruscus, par exemple. Je souhaiterais observer monsieur Zdenek Nejedly occupé à déraciner, mettons un vieux peuplier. Je pense qu'après de longs efforts ils se mettraient debout, s'étireraient et ne prononceraient qu'un mot. Et je donne ma tête à couper que ce mot serait :

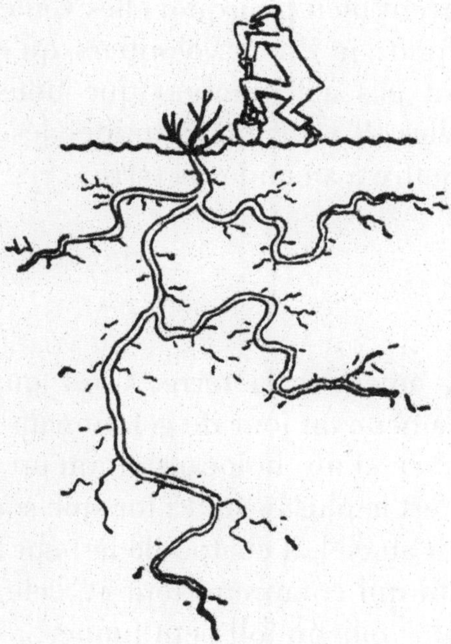

« Sacredié ! » J'en ai fait l'épreuve avec des cydonies et je confirme que travailler sur des racines est chose fort pénible et qu'il vaut mieux laisser les racines où elles sont : elles savent bien pourquoi elles veulent aller si profond ; je dirais volontiers qu'elles ne tiennent pas à l'attention que nous avons pour elles. Il vaut mieux quitter les racines et se mettre à amender la terre.

*

Oui, amender la terre. C'est quand on nous l'amène un jour de gel, fumant comme le bûcher d'un holocauste, qu'un tas de fumier est le plus beau. Et lorsque son fumet parvient au ciel, il chatouille là-haut l'odorat de Celui qui comprend tout et Celui-là dit : « Ah, ah, voilà un joli petit fumier. »

Nous aurions ici l'occasion de parler du cours mystérieux de la vie : un cheval mange de l'avoine et il envoie le résidu aux œillets et aux roses, qui, l'année suivante, glorifieront Dieu de leur parfum, si agréable qu'il ne peut pas se décrire. Eh bien, c'est ce parfum que le jardinier sent par avance dans ce tas de fumier fumant mêlé de paille : il renifle d'un air gourmand et il distribue attentivement ce don de Dieu à tout son jardin, comme qui étend de la confiture sur du pain pour donner à un enfant. « Tiens, petite fleur, et bon appétit. À vous, madame Herriot, je donnerai un gros tas en récompense des jolies fleurs bronzées que vous eûtes ; pour ne pas faire de jaloux, je te donnerai ce crottin ; et à toi, phlox impétueux, je te ferai un lit avec cette paille grise. »

Pourquoi serrez-vous le nez, braves gens ? Trouveriez-vous que ça ne sent pas bon ?

*

Novembre

Encore un peu de temps et nous rendrons à notre jardin le dernier service ; nous laisserons passer quelque petite gelée d'automne puis nous le recouvrirons de branchages verts ; nous courberons les rosiers pour les rapprocher du sol, nous les chargerons d'odorantes branches de pin, et bonne nuit. D'ordinaire ces branchages recouvrent aussi des tas de choses comme des couteaux de poche et des pipes ; au printemps, quand nous enlèverons la couverture, nous retrouverons tout cela.

Mais nous n'en sommes pas encore là, nous n'avons pas encore fini de fleurir ; l'aster de la Toussaint cligne encore de ses yeux lilas, la primevère pousse ses dernières fleurs ainsi que la violette, pour montrer que novembre est aussi une manière de printemps, et le chrysanthème des Indes (ainsi nommé parce qu'il vient de Chine) ne se laisse arrêter par aucune difficulté météorologique ou politique dans son effort pour produire son infinie richesse de frêles fleurs rousses et blanches, rouges et dorées, et le rosier se manifeste encore par ses dernières fleurs. Reine des fleurs, tu as fleuri pendant six mois ; noblesse oblige.

Et puis, il y a les feuilles encore; les feuilles d'automne, jaunes et pourpres, roussâtres, orangées, rouges comme des piments, sombres comme du sang; et les baies rouges, orangées, noires, givrées de bleu, et le bois jaune, rougi et clair, des branches nues; nous n'avons pas encore fini. Et lorsque tout cela sera recouvert de neige, il y aura encore le houx de couleur vert sombre avec ses petits fruits d'un rouge incandescent et les pins noirs et les cyprès et les ifs; cela n'a jamais de terme.

Je vous le dis: la mort n'existe pas; il n'y a même pas de sommeil. Seulement nous croissons par périodes. Il faut être patient avec la vie car elle est éternelle.

*

Mais vous qui ne possédez pas un seul morceau de terre dans l'univers, vous pouvez rendre votre hommage à la nature en cette époque d'automne, en plantant dans des pots des oignons de jacinthes et de tulipes, afin qu'au cours de l'hiver ils gèlent ou se développent. Cela se fait de la façon suivante:

on achète lesdits oignons et on prend chez le jardinier le plus voisin un sac de jolie terre de compost ; puis on recherche dans la cave et au grenier tous les vieux pots de fleurs et dans chacun on plante un oignon. À la fin on s'aperçoit qu'on a encore quelques oignons, mais pas de pots. On achète alors des pots et puis on se rend compte qu'on n'a plus d'oignons mais qu'il y a des pots et de la terre qui reste. On achète quelques oignons de plus, mais comme on n'a pas suffisamment de terre, on achète un nouveau sac de compost. Puis, c'est la terre qui est en excédent, et, comme on ne veut pas la jeter, on aime mieux payer quelques pots de fleurs et quelques oignons de plus. Et on continue de cette façon, jusqu'à ce que les autres membres de la famille s'y opposent. Enfin on remplit de pots de fleurs les fenêtres, les tables, les buffets, l'évier, la cave et le grenier et on attend avec confiance l'arrivée de l'hiver.

Préparatifs

Rien ne sert de parler; voilà déjà tous les signes qui indiquent que la nature, comme on dit, s'apprête pour son sommeil d'hiver. Les feuilles de mes bouleaux tombent l'une après l'autre d'un mouvement beau et triste à la fois; ce qui croissait, se retire dans la terre; de tout ce qui bouillonnait de vie, il ne reste plus qu'un bâton dénudé ou un trognon suintant, un rameau ratatiné ou une tige desséchée; et la terre elle-même exhale une odeur de pourriture. Rien ne sert de parler, c'est fini pour cette année. Chrysanthème, ne recherche plus la richesse de la vie; et vous autres, ne confondez pas le dernier soleil avec le soleil joyeux de mars.

Il n'y a rien à faire, mes enfants, la parade est terminée ; mettez-vous bien à votre aise pour votre sommeil hivernal.

Quoi ? quoi ? Qu'est-ce qui vous prend ? Ne me racontez pas d'histoires. Vous appelez ça un sommeil ? Toutes les années nous disons que la nature se couche pour son sommeil d'hiver : mais nous n'avons jamais observé ce sommeil de près, ou, pour mieux dire, nous ne l'avons pas encore observé de dessous. Renversons les choses sens dessus dessous, pour les observer mieux ; mettons la nature à l'envers pour la mieux voir, mettons-la racines en l'air. Mon Dieu, on appelle ça un sommeil ? C'est ça que vous appelez du repos ? On pourrait dire que la végétation a cessé de croître à la surface parce qu'elle n'en a pas le temps ; car elle a retroussé ses manches pour croître par en bas ; elle s'est craché dans les mains et elle creuse dans la terre. Regardez cette chose claire dans la terre, ce sont de nouvelles racines ; regardez jusqu'où elles atteignent, allez, allez. N'entendez-vous pas la terre frapper avec cette violence enragée et massive ? « Mon général, la première ligne des racines a pénétré très avant en territoire ennemi ; les avant-gardes des phlox ont déjà pris contact avec les avant-postes des campanules. – Bien, qu'ils s'accrochent au terrain conquis, nos objectifs sont atteints. »

Et là, ces choses blanches, tendres et grosses, ce sont de nouveaux germes et de nouvelles pousses. Regardez comme il y en a. Comme tu t'es étoffée, immortelle fanée et desséchée ; comme tu te portes bien, comme tu regorges de vie. Et c'est ça que vous appelez un sommeil ? Le diable emporte feuilles et fleurs. Quelles blagues ! C'est en bas, c'est sous la terre que se fait le véritable travail ; c'est ici, ici, ici que poussent les nouvelles tiges ; c'est d'ici à là, du premier au dernier jour de novembre, que jaillit la vie qui apparaîtra en mars ; c'est ici, sous la terre, que se dessine l'immense programme du printemps. Il n'y a pas encore eu une seule minute de repos ; voilà le plan, voilà les fondations déjà creusées et les canalisations en place ; et nous pénétrerons encore plus avant dans la terre avant qu'elle ne gèle et durcisse. Que le printemps pose ses voûtes vertes sur le travail de pionnier de l'automne. Nous, forces automnales, nous aurons fait notre devoir.

Ce germe gros et dur sous terre, cet abcès sur le sommet des bulbes, c'est la bombe dont l'éclatement produira le printemps. On dit que le printemps est l'époque du bourgeonnement; en réalité, l'époque du bourgeonnement, c'est l'automne. Si nous regardons la nature, il est vrai que l'automne est la fin de l'année; mais il est presque encore plus vrai que l'automne est le début de l'année. C'est une notion commune que les feuilles tombent en automne et je ne puis vraiment pas le nier; je me contente de soutenir que, dans un certain sens, plus profond, l'automne est, à proprement parler, le moment où les feuilles poussent. Les feuilles se dessèchent parce que l'hiver arrive; mais elles se dessèchent aussi parce que le printemps arrive, parce que de nouveaux bourgeons se forment, petits comme des capsules explosives qui libéreront le printemps. C'est une illusion d'optique qui nous fait voir les arbres et les arbustes dénudés, car ils sont parsemés de tout ce qui se révélera et se développera en eux au printemps. C'est une illusion d'optique que de voir les fleurs fanées en automne, car elles sont, au contraire, en train de naître. Nous disons que la nature se repose alors qu'elle va de l'avant sans voir ni entendre. Seulement elle a fermé sa boutique et tiré les rideaux; mais derrière cette façade, elle déballe de nouvelles marchandises et les rayons se remplissent, jusqu'à plier sous le poids. Bonnes gens, c'est maintenant le vrai printemps; ce qui n'est pas à point maintenant ne le sera pas non plus en avril. L'avenir n'est pas devant nous, car il est déjà sous les espèces de ce germe; il est déjà parmi nous, et ce qui n'est pas à présent parmi nous, n'y sera pas non plus dans l'avenir. Nous ne voyons pas les germes parce qu'ils sont sous la terre; nous ne connaissons pas l'avenir parce qu'il est en nous. Parfois, il nous semble que nous sentons la pourriture, encombrés que nous sommes de vestiges desséchés du passé; mais si nous pouvions voir tous les rejets gros et blancs qui se frayent un chemin à travers cette vieille terre de civilisation qui s'appelle « aujourd'hui », toutes les graines qui germent en secret, tous les vieux plants qui se rassemblent et se ramassent pour former un germe vivant, qui un jour éclatera pour créer une fleur vivante, si nous pouvions voir ce fourmillement caché de l'avenir au milieu de nous, il est sûr que nous dirions que notre mélancolie et notre scepticisme sont de grandes sottises et que le meilleur de tout, c'est d'être un homme vivant, je veux dire un homme qui croît.

Décembre

Voyons, jardinier,
que dirais-tu d'aller
regarder ton jardin
pour la première fois ?

Eh oui, maintenant tout est fini. Jusqu'à maintenant le jardinier a bêché, creusé, pioché, bouleversé, fumé, chaulé, répandu sur la terre de la tourbe, de la cendre et de la suie, taillé, semé, planté, repiqué, divisé, enterré des oignons et déterré des bulbes pour l'hiver, humecté et arrosé, fauché, sarclé, couvert les plantes de branchages ou courbé celles-ci vers le sol ; il a fait tout cela de février à décembre, et ce n'est que maintenant, après que la neige a recouvert son jardin, qu'il prend conscience d'avoir oublié quelque chose : c'est de le regarder. Car, sachez-le bien, il n'en a pas eu le temps. Quand, en été, il courait regarder une fleur, il lui fallait s'arrêter en route pour sarcler quelques mauvaises herbes dans son gazon. Quand il voulait se délecter de la beauté des delphiniums en fleurs, il s'apercevait qu'il fallait leur mettre des tuteurs. Au moment de la floraison des asters, il se hâtait d'aller chercher un arrosoir pour les abreuver. Quand ses phlox fleurissaient, il arrachait le chiendent. Quand c'étaient les roses, il avait le souci de les tailler ou de détruire les moisissures. Au moment des chrysanthèmes, il se jetait sur eux, un piochon à la main, pour aérer la terre trop tassée. Que voulez-vous ? Il y avait toujours quelque chose à faire. Peut-on garder les mains dans les poches et se contenter de regarder l'air qu'a le jardin ?

Maintenant, grâce à Dieu, tout est fini : on pourrait bien encore faire quelques petites choses ; là-bas, sur le derrière, la terre est lourde comme du plomb et voilà une centaurée que je voulais changer de place, mais laissons cela tranquille : la neige est tombée. Voyons, jardinier, que dirais-tu d'aller regarder ton jardin pour la première fois ?

Cette chose noire, qui sort un peu de terre, c'est une viscaria incarnat, ce grumeau de feuilles brûlées, c'est une astilbe, et ce petit manche à balai, c'est un aster ericoïdes, et ceci ici, qui n'est rien du tout, c'est un trolle orangé, et là, ce tas de neige, c'est un dianthus ; naturellement, un dianthus.

Brr, qu'il fait froid ! On ne peut pas, même en hiver, jouir du spectacle de son jardin.

*

Bon, alors, faites du feu et laissons dormir le jardin sous son léger édredon de neige. Il est bon de songer aussi à d'autres choses ; nous avons toute une table couverte de livres que nous n'avons pas lus : mettons-nous-y ; nous avons une foule d'autres plans et d'autres soucis : attaquons-nous à eux. Pourvu que nous ayons bien tout recouvert de branchages ! Avons-nous donné une couverture suffisante à nos tritomes ? N'avons-nous pas oublié de recouvrir la dentelaire ? Il conviendrait aussi de poser quelques rameaux sur le kalmia. Notre azalée ne va-t-elle pas geler ? Et si nos bulbes de renoncules d'Asie venaient à ne pas lever ? Dans ce cas, nous les remplacerions par... Voyons un peu... Un instant, nous allons regarder ça dans un catalogue.

Ainsi donc, en décembre, le jardin est surtout représenté par une grande quantité de catalogues d'horticulture. Le jardinier lui-même hiverne sous verre dans une serre chauffée, enfoncé jusqu'au cou, non pas dans du fumier ou des branchages, mais dans des catalogues, des prospectus, des livres et des brochures dans lesquels il apprend :

1 – Que les fleurs les plus précieuses, les plus fécondes et les plus indispensables sont celles qu'il n'a pas encore dans son jardin ;

2 – Que tout ce qu'il a est « un peu délicat », et « gèle facilement », ou bien qu'il a planté côte à côte une fleur « qui exige de l'humidité » et une fleur « qu'il faut préserver de l'humidité », et que ce qu'il a pris grand soin de planter en plein soleil demande « l'ombre la plus complète » et vice-versa ;

3 – Qu'il existe trois cent soixante-dix sortes de fleurs, ou plus encore, qui « méritent une attention particulière » et « qui ne devraient manquer dans aucun jardin », ou qui, du

moins, sont « des variétés nouvelles et étonnantes, laissant loin derrière elles tout ce qu'on a produit jusqu'à présent ».

Tout cela, d'ordinaire, assombrit grandement le jardinier en décembre ; d'une part, il se prend à craindre qu'aucune de ses fleurs ne pousse au printemps, à cause de la gelée ou de la chaleur, de l'humidité ou de la sécheresse, du soleil ou du manque de soleil. C'est pourquoi il se creuse la tête pour combler ces effrayantes lacunes.

D'autre part, il s'aperçoit qu'en admettant qu'il périsse un minimum de plantes, il n'aura dans son jardin presque aucune de ces espèces « toutes nouvelles », incomparables, qui « sont les plus précieuses et qui ont une riche floraison », dont il vient de lire les noms dans soixante catalogues ; cela aussi est une insupportable lacune qu'il faut combler de quelque manière. À partir de ce moment, le jardinier hivernant cesse tout à fait de s'intéresser à ce qu'il a, plein qu'il est de ce qu'il n'a pas, qui est quelque chose de beaucoup plus vaste, c'est évident ; il se jette sur les catalogues et souligne tout ce qu'il doit commander, tout ce qui,

pour rien au monde, ne doit manquer plus longtemps dans son jardin. Au cours de sa première revue, il souligne quatre cent quatre-vingt-dix plantes qu'il doit acheter coûte que coûte ; quand il en fait le compte il se refroidit un peu, et, le cœur saignant, il se met à rayer celles auxquelles il renonce pour cette fois. Cette douloureuse élimination, il lui faut la recommencer cinq fois, jusqu'à ce qu'il ne lui reste plus que quelque cent vingt de ces plantes, « les plus belles, les plus fécondes, indispensables », que – poussé par une joie pénétrante – il commande aussitôt. « Envoyez-les-moi commencement mars. »

« Mon Dieu, que ne sommes-nous déjà en mars », se dit-il avec une fiévreuse impatience.

Eh bien, un dieu l'a aveuglé ; en mars, il s'apercevra qu'il trouve à grand-peine dans son jardin deux ou trois places où il est encore possible de planter quelque chose, et encore est-ce le long de la clôture, à l'ombre des cognassiers du Japon.

Quand il a fini ce travail, qui est le principal de l'hiver, avec quelque précipitation – comme on peut le voir –, le jardinier commence à s'ennuyer invinciblement. Comme « c'est en mars que ça commence », il compte les jours jusqu'en mars, et, comme il y en a trop, il en ôte quinze, parce que « parfois ça commence dès le mois de février ». Rien à faire, il faut attendre. Et alors, le jardinier se jette sur autre chose, par exemple, sur un sofa, un canapé ou une chaise-longue, et il essaye de s'abandonner au sommeil hivernal de la nature.

Une demi-heure après, il quitte d'un bond la position horizontale, inspiré par une pensée nouvelle. Les pots de fleurs ! Mais c'est qu'on peut cultiver des fleurs dans des pots ! En un clin d'œil, il a la vision d'un fouillis de palmiers et de lataniers, de dracaenas et de tradescantia, d'asperges, de fougères, de sensitives et de bégonias dans toute leur beauté tropicale ; et au milieu de tout cela pousseront quelques primevères et jacinthes précoces ; du vestibule nous ferons une jungle équatoriale ; aux rampes d'escaliers pendront des sarments et sur les fenêtres nous mettrons des fleurs qui pousseront comme des folles. Le jardinier jette alors un rapide coup d'œil autour de lui ; il ne voit plus l'appartement qu'il habite, mais la forêt paradisiaque qu'il va créer et il court chez l'horticulteur du coin et revient avec une pleine brassée de trésors végétaux.

Quand il apporte chez lui ce qu'il a acheté, il s'aperçoit :

Que toutes ces plantes rassemblées ne donnent pas du tout l'impression d'une forêt équatoriale, mais plutôt d'une petite boutique de potier ;

Qu'il ne peut rien mettre sur les fenêtres parce que – suivant les assertions fanatiques des femmes de la maison – les fenêtres sont faites pour l'aération ;

Qu'il ne peut rien mettre dans les escaliers parce que, paraît-il, ça fait des saletés et que l'eau se répand ;

Qu'il ne peut pas transformer son vestibule en forêt tropicale parce que – malgré ses implorations plaintives et ses jurons – les femmes ne consentent pas à laisser les fenêtres fermées pour empêcher l'intrusion de l'air glacial.

Le jardinier emporte alors ses trésors à la cave où – se console-t-il –, ils ne gèleront pas au moins ; et au printemps, occupé à fouir le sol tiède au dehors, il les oublie tout à fait. Mais cette expérience ne l'empêchera pas le moins du monde, au mois de décembre prochain, d'essayer de transformer, à l'aide de pots de fleurs, son appartement en jardin d'hiver. On reconnaît là la vie éternelle de la nature.

La vie du jardin

On dit que « *le temps amène les roses*[1] » ; c'est évidemment vrai – d'ordinaire, elles se font attendre jusqu'en juin ou juillet – et, pour ce qui est de la croissance, il suffit de trois ans pour qu'un rosier vous fournisse un fort joli buisson. Mais on ferait bien mieux de dire que le temps amène les chênes, ou les bouleaux. J'ai planté quelques bouleaux en me disant : « Ici, ce sera un boqueteau de bouleaux ; et dans ce coin-ci se dressera un énorme chêne centenaire. » Et j'ai planté un petit chêne, et deux ans ont passé déjà et ce n'est pas encore un

1. Proverbe tchèque (*N. du T.*).

énorme chêne centenaire, et mes bouleaux sont loin de former un bosquet centenaire, où viendraient danser les nymphes. Bien entendu, j'attendrai encore quelques années ; nous, les jardiniers, nous avons une infinie patience. J'ai dans ma pelouse un cèdre du Liban, presque aussi grand que moi. D'après des renseignements autorisés, le cèdre doit atteindre une hauteur de cent mètres avec une largeur de seize mètres. Eh bien, je voudrais vivre assez longtemps pour le voir atteindre les dimensions prescrites ; il conviendrait réellement que je voie cela et que, si j'ose dire, je recueille le fruit de ma peine. Pour le moment, il a poussé de vingt-six bons centimètres ; bon, j'attendrai encore.

Prenez n'importe quelle herbe ; pourvu que vous la semiez comme il faut et que les moineaux ne becquètent pas vos graines, elle sort au bout de quinze jours et, six semaines après, vous êtes obligé de la faucher, mais ce n'est pas encore une pelouse anglaise. Je connais pour les pelouses anglaises une recette qui – de même que la recette de l'omelette à la Worcester – vient « d'un noble campagnard anglais ». Un milliardaire américain dit un jour à ce noble : « Monsieur, je vous donnerai la somme que vous voudrez, si vous me révélez les moyens de créer une pelouse aussi parfaite, aussi verte, aussi touffue, aussi impeccable, aussi velouteuse, aussi uniforme, aussi fraîche, aussi vivace, bref, aussi anglaise qu'est la vôtre. – C'est très simple, répondit ce noble campagnard anglais. Il faut bien préparer le terrain, et profondément ; il faut qu'il soit fertile et perméable, ni acide ni gras, ni lourd ni stérile, puis il faut bien le niveler, afin qu'il soit uni comme une table. Vous semez alors des graines d'herbes et vous roulez soigneusement le sol, puis vous arrosez quotidiennement et lorsque l'herbe a poussé, vous la fauchez une fois par semaine ; vous balayez l'herbe fauchée avec un balai et vous roulez le gazon ; il faut tous les jours l'arroser, l'humecter, le mouiller ou le tremper, et quand vous aurez fait cela pendant trois cents ans, vous aurez une pelouse aussi belle que la mienne. »

Ajoutez à cela que chaque jardinier voudrait et devrait réellement expérimenter toutes les variétés de roses du point de vue des boutons et des fleurs, des tiges et du feuillage, de la couronne et d'autres particularités ; idem pour toutes les variétés de tulipes et de lis, d'iris, de delphiniums, d'œillets, de campanules, d'astilbes, de violettes, de phlox, de chrysanthèmes, de dahlias, de glaïeuls, de pivoines, d'asters, de primevères, d'anémones, de saxifrages, de tournesols, de pavots, toutes espèces dont chacune comprend au moins une douzaine de variétés et d'hybrides merveilleux et indispensables ; il y faut encore ajouter quelques centaines de familles et d'espèces, qui comptent de trois à douze variétés ; puis, il faut accorder une attention particulière aux plantes alpestres et aquatiques, aux bruyères, aux plantes bulbeuses, aux fougères et aux plantes qui aiment l'ombre, aux plantes ligneuses et aux plantes vertes ; si j'évalue tout cela je trouve, en calculant au plus près, et en faisant un compte d'ami, onze cents ans. Un jardinier a besoin de onze cents ans pour expérimenter, étudier et apprécier pratiquement tout ce qui est de son ressort. Je ne peux pas le donner à meilleur marché, si ce n'est, à la rigueur, avec une diminution de 5 %, parce que c'est vous et que vous n'êtes peut-être pas obligé de

Nous autres, jardiniers,
vivons en quelque sorte
en avance sur le présent

cultiver tout, bien que cela en vaille la peine ; mais il faudra vous hâter et ne pas perdre un seul jour, si vous voulez faire tout ce qu'il faut faire dans ce temps-là. Vous devez achever ce que vous entreprenez, c'est un devoir envers votre jardin. Je ne vous donnerai pas de recette pour ça ; à vous de chercher et de persévérer.

Nous autres, jardiniers, vivons en quelque sorte en avance sur le présent : quand nos roses fleurissent, nous pensons qu'elles fleuriront encore mieux l'année suivante ; et dans une dizaine d'années ce pin minuscule sera un arbre ; si seulement j'étais plus vieux de dix ans ! Je voudrais voir déjà à quoi ressembleront ces petits bouleaux dans cinquante ans. Le vrai, le mieux sont devant nous. Chaque année apporte davantage de croissance et de beauté. Dieu soit loué, nous aurons bientôt un an de plus.

Chaque année
apporte davantage
de croissance et de beauté

Dieu soit loué,
nous aurons bientôt
un an de plus

Table des matières

Comment naît un jardin 7
Comment on devient jardinier 15

Janvier 21
Les semences 35
Février 41
Sur l'art des jardins 53
Mars 63
Bourgeons 79
Avril 85
La fête (Premier Mai) 99
Mai 105
La pluie bienfaisante 121
Juin 129
Des maraîchers 145

Juillet 149
Chapitre botanique 163
Août 169
Les amateurs de cactus 183
Septembre 189
La terre 205
Octobre 211
Les beautés de l'automne 227
Novembre 233
Préparatifs 247
Décembre 253
La vie du jardin 267

Pour limiter l'empreinte environnementale
de leurs livres, les éditions de l'Aube font le choix
de papiers issus de forêts durablement gérées
et de sources contrôlées.

Achevé d'imprimer en octobre 2021
sur les presses de l'imprimerie Books Factory
pour le compte des éditions de l'Aube
331, rue Amédée-Giniès, F-84240 La Tour d'Aigues

Numéro d'édition : 4659
Dépôt légal : novembre 2021
Numéro d'impression :

Imprimé dans l'Union européenne